Einstern

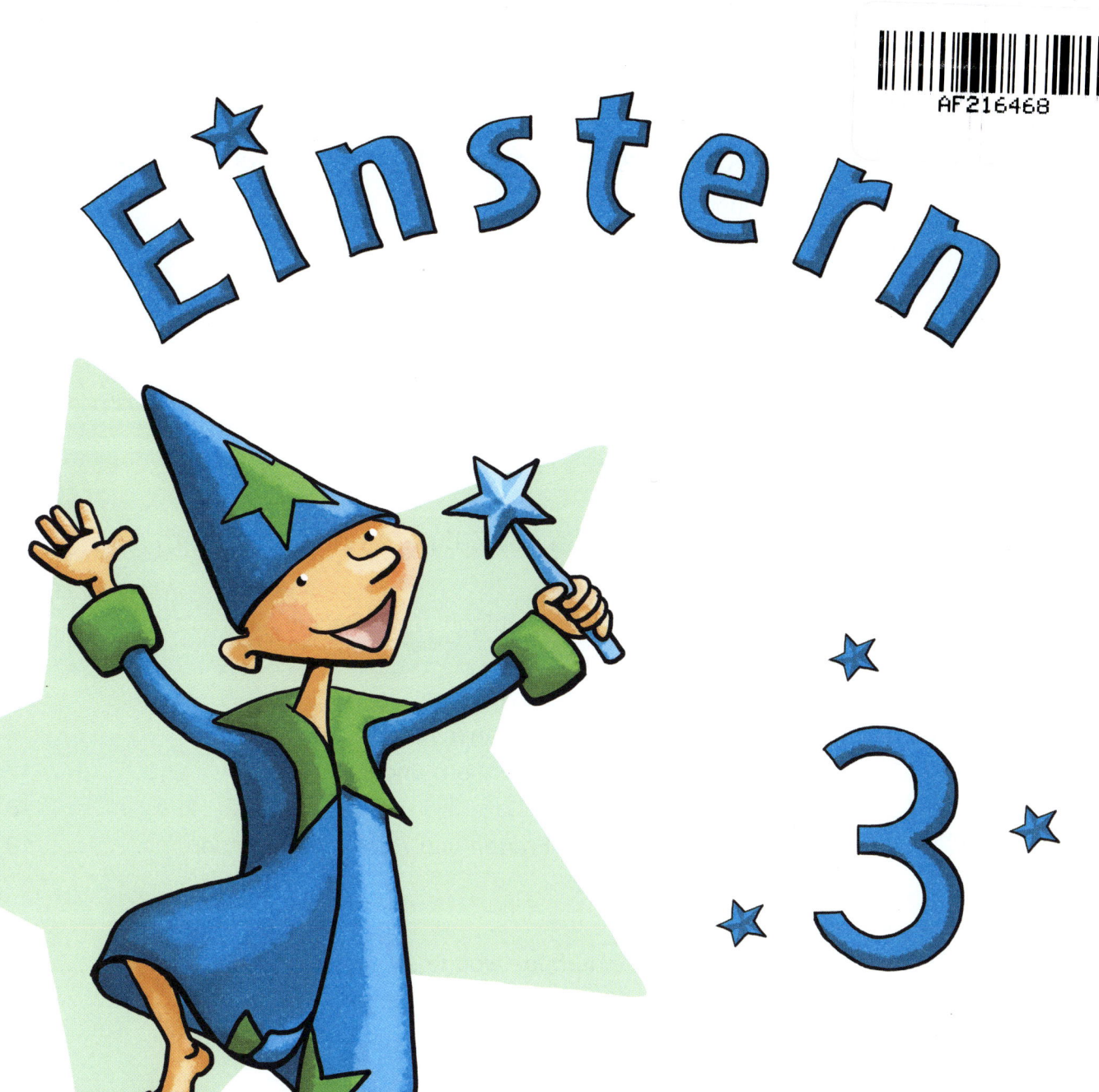

3

Themenheft 4

✦ Multiplikation und Division
✦ Gewichte ✦ Geld
✦ Kombinatorik und Wahrscheinlichkeit

Erarbeitet von Roland Bauer und Jutta Maurach

In Zusammenarbeit mit der Redaktion Mathematik Grundschule

Cornelsen

Inhaltsverzeichnis

1 Löse die Kernaufgaben.
Schreibe die Ergebnisse in dein Heft.

a) 1 · 4 = ☐
1 · 6 = ☐
1 · 8 = ☐

b) 2 · 6 = ☐
2 · 9 = ☐
2 · 3 = ☐

c) 5 · 4 = ☐
5 · 7 = ☐
5 · 8 = ☐

d) 10 · 3 = ☐
10 · 9 = ☐
10 · 7 = ☐

Die Kernaufgaben kannst du gut.

Seite 4 Aufgabe 1
a)   4,   …
b)   …

2 Bilde die Tauschaufgaben. Löse dann die Kernaufgaben.
Schreibe die Ergebnisse in dein Heft.

a) 3 · 2 = ☐
6 · 5 = ☐
9 · 5 = ☐

b) 7 · 2 = ☐
8 · 1 = ☐
7 · 5 = ☐

c) 3 · 1 = ☐
8 · 5 = ☐
4 · 2 = ☐

Seite 4 Aufgabe 2
a)   6,   …   b)   …

3 Rechne mit den Kernaufgaben.

a) 5 · 8 = ☐
1 · 8 = ☐
6 · 8 = ☐

b) 5 · 4 = ☐
2 · 4 = ☐
7 · 4 = ☐

c) 2 · 7 = ☐
1 · 7 = ☐
3 · 7 = ☐

Seite 4 Aufgabe 3
a)   5 · 8 = …   b)   …
1 · 8 = …
6 · 8 = …

d) 5 · 6 = ☐
1 · 6 = ☐
4 · 6 = ☐

e) 10 · 5 = ☐
1 · 5 = ☐
9 · 5 = ☐

f) 10 · 4 = ☐
2 · 4 = ☐
8 · 4 = ☐

4 Löse die Aufgaben mithilfe von Kernaufgaben im Kopf.
Schreibe die Ergebnisse in dein Heft.

a) 6 · 8 = ☐
7 · 5 = ☐
3 · 6 = ☐

b) 6 · 7 = ☐
7 · 3 = ☐
3 · 9 = ☐

c) 8 · 2 = ☐
4 · 7 = ☐
8 · 3 = ☐

Seite 4 Aufgabe 4
a)   4 8,   …   b)   …

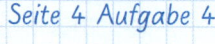

★ Kernaufgaben aus verschiedenen Einmaleinsreihen lösen
★ mithilfe der Kernaufgaben weitere Multiplikationsaufgaben erschließen

1 Suche dir ein anderes Kind. Jeder von euch schreibt auf Kärtchen die Zahlen von 0 bis 10 und legt diese verdeckt vor sich auf den Tisch. Nun deckt jeder von euch eine Karte auf. Bildet aus den beiden Zahlen zwei Malaufgaben und nennt die passende Lösung.

$4 \cdot 2 = 8$ $2 \cdot 4 = 8$

2 Löse die Aufgaben. Schreibe die Ergebnisse auf.

a) $3 \cdot 6 = $ ▉
$7 \cdot 8 = $ ▉
$5 \cdot 7 = $ ▉
$4 \cdot 8 = $ ▉

b) $3 \cdot 9 = $ ▉
$7 \cdot 2 = $ ▉
$0 \cdot 5 = $ ▉
$9 \cdot 7 = $ ▉

c) $8 \cdot 3 = $ ▉
$8 \cdot 6 = $ ▉
$7 \cdot 3 = $ ▉
$9 \cdot 8 = $ ▉

d) $8 \cdot 5 = $ ▉
$6 \cdot 4 = $ ▉
$9 \cdot 9 = $ ▉
$7 \cdot 7 = $ ▉

Seite 5 Aufgabe 2
a)   18, ...
b)   ...

3 Finde zu den vorgegebenen Ergebnissen jeweils vier verschiedene Malaufgaben.

a) ▉ $\cdot$ ▉ $= 18$

b) ▉ $\cdot$ ▉ $= 12$

c) ▉ $\cdot$ ▉ $= 24$

d) ▉ $\cdot$ ▉ $= 40$

Seite 5 Aufgabe 3
a)   9 · 2 = 1 8   b)   ...
⋮

4 Finde Aufgabenpaare nach dem vorgegebenen Muster.

a) $3 \cdot 8 = $ ▉ $\cdot$ ▉
$3 \cdot 4 = $ ▉ $\cdot$ ▉
$2 \cdot 8 = $ ▉ $\cdot$ ▉
$4 \cdot 6 = $ ▉ $\cdot$ ▉

b) $10 \cdot 4 = $ ▉ $\cdot$ ▉
$8 \cdot 3 = $ ▉ $\cdot$ ▉
$6 \cdot 2 = $ ▉ $\cdot$ ▉
$4 \cdot 3 = $ ▉ $\cdot$ ▉

Seite 5 Aufgabe 4
a)   3 · 8 = 6 · 4
⋮
b)   1 0 · 4 = 5 · 8
⋮

★ Multiplikationsaufgaben aus verschiedenen Einmaleinsreihen lösen ★ zu vorgegebenen Produkten verschiedene Multiplikationsaufgaben finden ★ **MK:** Muster von Aufgabenpaaren erkennen und weitere Aufgabenpaare nach vorgegebenem Muster bilden

1 Schreibe zu jedem Bild eine Geteiltaufgabe und eine Malaufgabe.

a)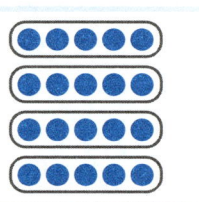

b)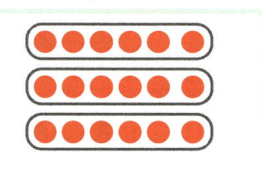

Seite 6 Aufgabe 1
a) 2 0 : 5 =   4
        4 · 5 = 2 0
b) ...

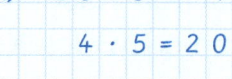

c)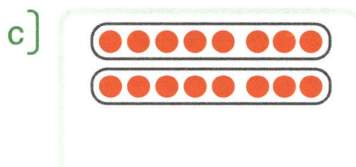

d)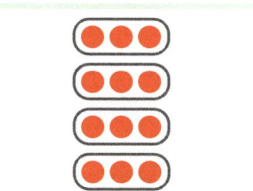

Das kannst du schon.

2 Löse die Geteiltaufgaben.
Kontrolliere jedes Ergebnis mit der Umkehraufgabe.

a) $27 : 3 = $ ▢

b) $63 : 7 = $ ▢

c) $36 : 9 = $ ▢

d) $48 : 6 = $ ▢

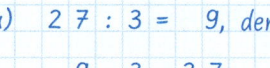

Seite 6 Aufgabe 2
a) 2 7 : 3 =   9, denn
        9 · 3 = 2 7
b) ...

3 Ergänze die fehlenden Zahlen.

a) $35 : $ ▢ $= 5$

b) $48 : $ ▢ $= 8$

c) $56 : $ ▢ $= 7$

d) $21 : $ ▢ $= 7$

e) $63 : $ ▢ $= 9$

f) $15 : $ ▢ $= 3$

Seite 6 Aufgabe 3
a) 3 5 : 7 = 5
b) ...

4 Finde jeweils Zahlen, zu denen es mindestens drei verschiedene Geteiltaufgaben gibt.

a) ▢ : ▢ = ▢

b) ▢ : ▢ = ▢

c) ▢ : ▢ = ▢

d) ▢ : ▢ = ▢

Seite 6 Aufgabe 4
a) 2 4 : 3 = 8
      2 4 : ...
      2 4 : ...
b) ...

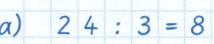

★ zu Rechenbildern Divisions- und Multiplikationsaufgaben finden ★ Divisionsaufgaben
lösen und mithilfe der Umkehraufgabe kontrollieren ★ in Divisionsaufgaben den Divisor
ergänzen ★ zu gleichen Dividenden verschiedene Divisionsaufgaben finden

1 Schreibe zu jedem Bild die passende Geteiltaufgabe mit Rest (R).

a)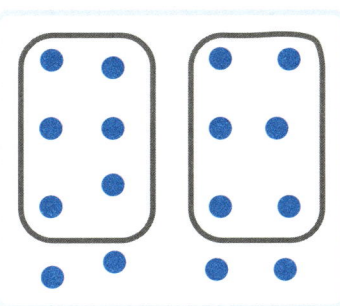

b)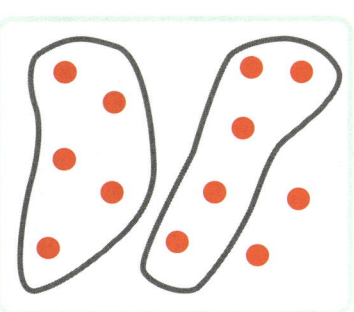

Seite 7 Aufgabe 1

a) 1 6 : 6 = 2 R 4

b) ...

c)

d)

2 Löse die Aufgaben. Löse immer zuerst die obere Aufgabe.

a) 18 : 3 = ■

   20 : 3 = ■ R ■

b) 20 : 4 = ■

   23 : 4 = ■ R ■

c) 24 : 6 = ■

   28 : 6 = ■ R ■

d) 30 : 5 = ■

   32 : 5 = ■ R ■

e) 21 : 7 = ■

   26 : 7 = ■ R ■

f) 16 : 8 = ■

   23 : 8 = ■ R ■

Seite 7 Aufgabe 2

a) 1 8 : 3 = 6

    2 0 : 3 = 6 R 2

b) ...

3 Löse die Aufgaben.
Kontrolliere jedes Ergebnis mit der Umkehraufgabe.

a) 23 : 6 = ■ R ■

b) 46 : 8 = ■ R ■

c) 26 : 3 = ■ R ■

d) 29 : 5 = ■ R ■

Seite 7 Aufgabe 3

a) 2 3 : 6 = 3 R 5, denn

    3 · 6 + 5 = 2 3

b) ...

4 Überlegt, welche Reste entstehen können.

a) bei : 2

b) bei : 4

c) bei : 5

d) bei : ■

Seite 7 Aufgabe 4

Mögliche Reste:

a) 1

b) ...

★ zu Rechenbildern Divisionsaufgaben mit Rest finden ★ Divisionsaufgaben ohne
und mit Rest lösen ★ Divisionsaufgaben mit Rest lösen und mithilfe der Umkehraufgabe
kontrollieren ★ in Abhängigkeit des Divisors mögliche Reste erkennen

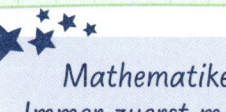

Mathematiker haben festgelegt:
Immer zuerst mal und geteilt rechnen,
erst dann plus und minus.

$4 \cdot 5 - 2 = 20 - 2 = 18$
$35 : 7 + 3 = 5 + 3 = 8$
$9 - 42 : 6 = 9 - 7 = 2$

$7 + 2 \cdot 6 = 7 + 12 = 19$

Punktrechnung (· und :) vor Strichrechnung (+ und −)

1 Löse die Aufgaben. Beachte die Punkt-vor-Strich-Regel.

a) $20 + 3 \cdot 4 = \square$
   $7 + 4 \cdot 5 = \square$

b) $3 \cdot 6 + 30 = \square$
   $3 \cdot 8 + 12 = \square$

c) $32 - 7 \cdot 3 = \square$
   $20 - 2 \cdot 7 = \square$

d) $8 \cdot 8 - 20 = \square$
   $9 \cdot 4 - 12 = \square$

e) $5 + 45 : 9 = \square$
   $15 + 40 : 8 = \square$

f) $35 : 5 + 12 = \square$
   $63 : 7 + 38 = \square$

g) $40 - 10 : 2 = \square$
   $36 - 24 : 4 = \square$

h) $49 : 7 - 2 = \square$
   $24 : 3 - 6 = \square$

Seite 8 Aufgabe 1
a) $20 + 12 = 32$
*   ...*
b)   ...

2 Schreibe zu jeder Rechengeschichte (G) die Rechnung (R) und Antwort (A) in dein Heft.

a) G: Meral, Tobi und Lena teilen sich
      12 Schokoküsse gleichmäßig auf.
      Lena schenkt Max zwei ihrer Schokoküsse.
   R: $\square$
   A: $\square$

Seite 8 Aufgabe 2
a)   R: ...
*   A: ...*
b)   ...

b) G: Ole bekommt vier Päckchen mit Sammelbildern.
      In jedem Päckchen sind fünf Bilder.
      Er schenkt seiner Schwester sechs Sammelbilder.
   R: $\square$
   A: $\square$

★ die Punkt-vor-Strich-Regel kennenlernen ★ die Punkt-vor-Strich-Regel beim Lösen von Aufgaben anwenden ★ zu vorgegebenen Rechengeschichten passende Aufgaben finden und unter Beachtung der Punkt-vor-Strich-Regel lösen

1 Löse die Aufgaben.

a) $6 \cdot 7 + 2 \cdot 4 = \blacksquare$

$5 \cdot 5 + 3 \cdot 7 = \blacksquare$

$4 \cdot 3 + 9 \cdot 4 = \blacksquare$

b) $3 \cdot 9 - 4 \cdot 5 = \blacksquare$

$6 \cdot 8 - 5 \cdot 3 = \blacksquare$

$7 \cdot 7 - 8 \cdot 4 = \blacksquare$

Seite 9 Aufgabe 1

a) $42 + 8 = 50$

b) ...

2 Bilde aus den Ziffernkärtchen und den Rechenzeichen mindestens sechs Aufgaben wie in Aufgabe **1** **a**. Schreibe sie auf und löse sie.

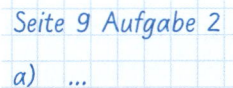

Seite 9 Aufgabe 2

a) ...

a) 2 3 4 6 . +

b) 5 7 1 2 . +

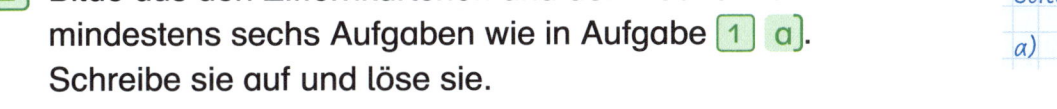

 3 Betrachtet eure Aufgaben und Lösungen in Aufgabe **2**.

a Was fällt euch auf?

b Überlegt, wie ihr die Kärtchen zusammenstellen müsst, um das größte und das kleinste Ergebnis zu erhalten.

4 Löse die Aufgaben.

a) $63 : 9 + 35 : 7 = \blacksquare$

$18 : 2 + 24 : 3 = \blacksquare$

$30 : 6 + 28 : 4 = \blacksquare$

b) $72 : 8 - 6 : 1 = \blacksquare$

$40 : 5 - 21 : 7 = \blacksquare$

$27 : 3 - 81 : 9 = \blacksquare$

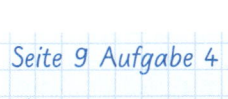

Seite 9 Aufgabe 4

a) ...

5 Bilde aus den Ziffernkärtchen und den Rechenzeichen mindestens zwei Aufgaben wie in Aufgabe **4** **a**. Schreibe sie auf und löse sie.

Seite 9 Aufgabe 5

a) ...

a 50 30 10 5 : +

b 24 12 6 4 : +

 6 Überlegt, wie ihr die Kärtchen in Aufgabe **5** zusammenstellen müsst, um das größte und das kleinste Ergebnis zu erhalten.

★ Multiplikations- und Divisionsaufgaben addieren und subtrahieren und dabei die Punkt-vor-Strich-Regel beachten ★ aus Ziffernkärtchen und Rechenzeichen Aufgaben zusammenstellen und lösen

1 Löse die Malaufgaben. Schreibe das richtige Ergebnis auf.

a)
$5 \cdot 7 =$ | 35 | 40 | 28 |
$8 \cdot 4 =$ | 24 | 32 | 36 |
$6 \cdot 8 =$ | 40 | 48 | 54 |
$9 \cdot 5 =$ | 35 | 50 | 45 |

b)
$8 \cdot 6 - 4 =$ | 52 | 48 | 44 |
$5 \cdot 3 + 5 =$ | 10 | 20 | 25 |
$9 \cdot 3 - 6 =$ | 33 | 21 | 27 |
$3 \cdot 7 + 8 =$ | 29 | 13 | 21 |

Seite 10 Aufgabe 1
a) 3 5, ...   b) ...

2 Löse die Geteiltaufgaben. Schreibe das richtige Ergebnis auf.

a)
$42 : 7 =$ | 7 | 6 | 9 |
$64 : 8 =$ | 8 | 6 | 9 |
$27 : 9 =$ | 5 | 4 | 3 |
$63 : 7 =$ | 8 | 9 | 7 |

b)
$72 : 8 - 7 =$ | 3 | 2 | 5 |
$36 : 9 + 5 =$ | 8 | 7 | 9 |
$49 : 7 - 3 =$ | 4 | 5 | 7 |
$30 : 5 + 4 =$ | 6 | 10 | 9 |

Seite 10 Aufgabe 2
a) 6, ...   b) ...

3 Ergänze passende Zahlen.

a)
$6 \cdot \blacksquare = 36$
$\square \cdot 8 = 40$
$6 \cdot 7 = \square$

b)
$\square \cdot 7 = 49$
$7 \cdot \square = 56$
$6 \cdot 9 = \square$

c)
$21 : 7 = \square$
$\square : 6 = 4$
$14 : \square = 7$

d)
$36 : 4 = \square$
$21 : \square = 7$
$\square : 8 = 6$

Seite 10 Aufgabe 3
a) 6 · 6 = 3 6
⋮
b) ...

4 Kontrolliere die Aufgaben. Verbessere die Fehler.
Tipp: In jedem Päckchen ist eine Aufgabe falsch.

a)
$4 \cdot 9 = 36$
$7 \cdot 8 = 54$
$9 \cdot 7 = 63$

b)
$8 \cdot 5 = 40$
$3 \cdot 7 = 21$
$7 \cdot 0 = 7$

c)
$45 : 5 = 9$
$32 : 4 = 8$
$18 : 3 = 5$

d)
$24 : 6 = 4$
$40 : 5 = 6$
$72 : 8 = 9$

Seite 10 Aufgabe 4
a) 7 · 8 = 5 6
b) ...

★ Multiplikations- und Divisionsaufgaben lösen und das richtige Ergebnis auswählen
★ bei Multiplikations- und Divisionsaufgaben passende Zahlen für Platzhalter an
verschiedenen Stellen finden ★ falsch gelöste Aufgaben identifizieren und korrigieren

Sprechen wie die Mathematiker:
*Mal rechnen heißt **multiplizieren**.*
*Das Ergebnis heißt **Produkt**.*
*Teilen heißt **dividieren**.*
*Das Ergebnis heißt **Quotient**.*

multiplizieren •
dividieren :

1 Finde die passende Aufgabe und löse sie.

Multipliziere 5 mit 7.

Dividiere 56 durch 7.

Seite 11 Aufgabe 1
Paul: ...
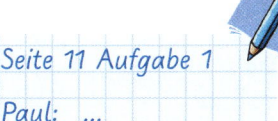

Bilde das Produkt aus der größten einstelligen Zahl und 8.

Bilde den Quotient aus 27 und 3.

Bilde das Produkt aus 6 und 4. Dividiere dann durch 8.

Dividiere 70 durch das Produkt von 2 und 5.

2 Ordne den Kärtchen die richtigen Aufgaben zu.

A Multipliziere 3 mit 6.

B Dividiere 6 durch 3.

C Wenn du deine Zahl mit 3 multiplizierst, erhältst du 6.

D Wenn du deine Zahl durch 6 dividierst, erhältst du 3.

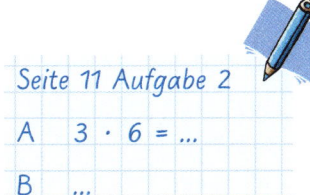
Seite 11 Aufgabe 2
A $3 \cdot 6 = ...$
B   ...

$\blacksquare : 6 = 3$ $\blacksquare \cdot 3 = 6$ $6 : 3 = \blacksquare$ $3 \cdot 6 = \blacksquare$

3 Löse die Aufgaben.
Schreibe zu den Rechnungen einen passenden Text.
Prüfe zum Schluss, ob deine Texte zu den Aufgaben passen.

a) $7 \cdot 8 = \blacksquare$

b) $72 : 9 = \blacksquare$

c) $24 : 3 - 5 = \blacksquare$

d) $6 \cdot 4 + 5 \cdot 2 = \blacksquare$

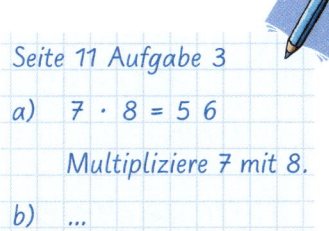
Seite 11 Aufgabe 3
a) $7 \cdot 8 = 56$
    Multipliziere 7 mit 8.
b) ...

★ SF: Begriffe „multiplizieren", „dividieren", „Produkt" und „Quotient" kennenlernen und verwenden ★ SF: Fachbegriffe bei der Lösung und beim Erstellen von Zahlenrätseln anwenden

D 50

11

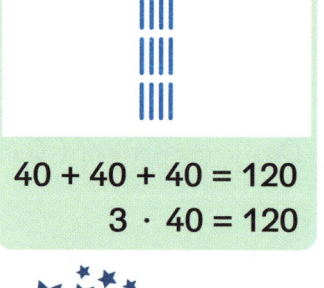

Das sind Multiplikationsaufgaben.

$4 + 4 + 4 = 12$
$3 \cdot 4 = 12$

$40 + 40 + 40 = 120$
$3 \cdot 40 = 120$

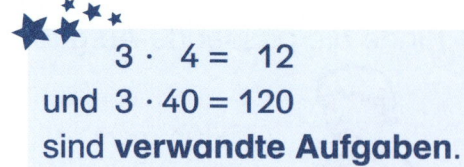

$3 \cdot 4 = 12$
und $3 \cdot 40 = 120$
sind **verwandte Aufgaben**.

1 Schreibe zu jedem Bild eine Additionsaufgabe
und eine Multiplikationsaufgabe auf.

a]

b]

c]

d]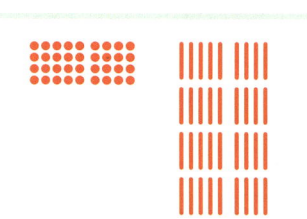

Seite 12 Aufgabe 1

a) $6 + 6 = 12$
     $2 \cdot 6 = 12$
     $60 + 60 = 120$
     $2 \cdot 60 = 120$

b) ...

2 Löse die Aufgaben.
Du kannst auch Rechenbilder zeichnen oder
mit Zehnerstangen legen.

a] $3 \cdot 6 = $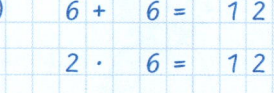
   $3 \cdot 60 = $

b] $7 \cdot 5 = $
   $7 \cdot 50 = $

c] $6 \cdot 4 = $
   $6 \cdot 40 = $

d] $8 \cdot 3 = $
   $8 \cdot 30 = $

Seite 12 Aufgabe 2

a) $3 \cdot 6 = 18$
     $3 \cdot 60 = 180$

b) ...

e] Denke dir selbst zwei passende Aufgabenpaare aus.

★ zu Rechenbildern verwandte Additions- und Multiplikationsaufgaben finden
★ Multiplikationsaufgaben mithilfe verwandter Aufgaben lösen
★ selbst verwandte Aufgaben finden

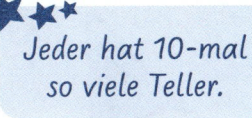
Jeder hat 10-mal so viele Teller.

3 · 2 = 6

3 · 20 = 60

---

1 Finde und löse zuerst die kleine Aufgabe.

a) ■ · ■ = ■

4 · 80 = ■

b) ■ · ■ = ■

5 · 70 = ■

Seite 13 Aufgabe 1

a) 4 · 8 = 3 2

    4 · 8 0 = ...

b) ...

2 Löse zuerst die kleine Aufgabe im Kopf.
Löse dann die Aufgabe. Schreibe das Ergebnis in dein Heft.

a) 3 · 30 = ■

5 · 40 = ■

3 · 80 = ■

b) 9 · 70 = ■

8 · 30 = ■

7 · 20 = ■

Seite 13 Aufgabe 2

a) 9 0, ...   b) ...

3 Löse die Tauschaufgaben.

a) 4 · 70 = ■

70 · 4 = ■

b) 7 · 80 = ■

80 · 7 = ■

Seite 13 Aufgabe 3

a) ...

4 Löse die Aufgaben mithilfe der Tauschaufgaben.
Schreibe das Ergebnis in dein Heft.

a) 40 · 8 = ■

90 · 2 = ■

b) 60 · 7 = ■

40 · 9 = ■

Seite 13 Aufgabe 4

a) 3 2 0, ...   b) ...

5 Finde passende Malaufgaben.

a) 15 = ■ · ■

150 = ■ · ■

150 = ■ · ■

b) 21 = ■ · ■

210 = ■ · ■

210 = ■ · ■

Seite 13 Aufgabe 5

a) ...

★ verwandte Aufgaben aus dem kleinen Einmaleins sowie Tauschaufgaben finden und als Rechenhilfe nutzen ★ zu vorgegebenen Produkten verschiedene Multiplikationsaufgaben finden

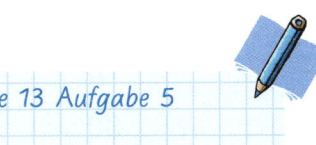 ÜH 50   13

Das sind **Divisionsaufgaben.**

Mit der **verwandten Aufgabe** ist es ganz einfach.

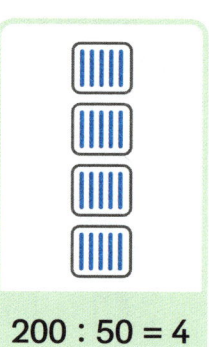

20 : 5 = 4

200 : 50 = 4

1 Schreibe zu jedem Bild die passende
Multiplikationsaufgabe und Divisionsaufgabe auf.

a)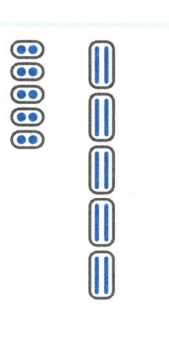

b)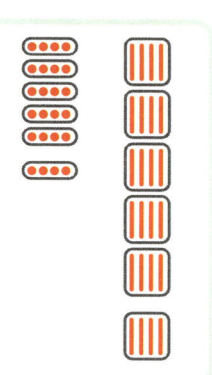

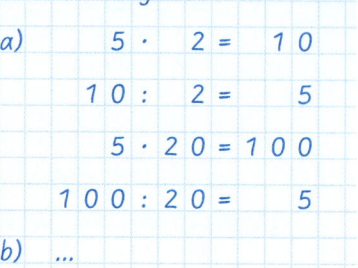

Seite 14 Aufgabe 1

a)   5 ·   2 =   1 0
        1 0 :   2 =   5
             5 · 2 0 = 1 0 0
        1 0 0 : 2 0 =   5
b) ...

c)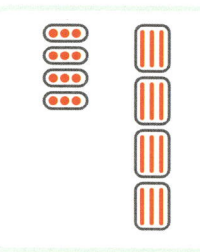

d)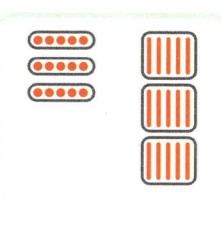

2 Löse die Aufgaben.
Du kannst auch Rechenbilder zeichnen oder mit Zehnerstangen legen.

a)   56 : 7 = ▮
   560 : 70 = ▮

b)   30 : 5 = ▮
   300 : 50 = ▮

Seite 14 Aufgabe 2

a)   5 6 :   7 = 8
        5 6 0 : 7 0 = 8
b) ...

c)   18 : 2 = ▮
   180 : 20 = ▮

d)   36 : 9 = ▮
   360 : 90 = ▮

e)   48 : 6 = ▮
   480 : 60 = ▮

f)   24 : 8 = ▮
   240 : 80 = ▮

g) Denke dir selbst zwei passende Aufgabenpaare aus.

B

ÜH 51

★ zu Rechenbildern verwandte Multiplikations- und Divisionsaufgaben finden
★ Divisionsaufgaben mithilfe verwandter Aufgaben lösen
★ selbst verwandte Aufgaben finden

240 : 30 =   8, denn
8 · 30 = 240

240 : 3 = 80, denn
80 · 3 = 240

1 Löse die Aufgaben. Die Umkehraufgabe kann dir helfen.

a) 18 : 3 = ☐
180 : 30 = ☐
180 : 3 = ☐

b) 27 : 9 = ☐
270 : 90 = ☐
270 : 9 = ☐

c) 54 : 6 = ☐
540 : 60 = ☐
540 : 6 = ☐

Seite 15 Aufgabe 1

a)   1 8 :   3 =   6
1 8 0 : 3 0 =   6
1 8 0 :   3 = 6 0

b) ...

2 Löse zuerst die kleine Aufgabe im Kopf.
Löse dann die Aufgaben.

a) 280 : 70 = ☐
280 : 7 = ☐

b) 350 : 50 = ☐
350 : 5 = ☐

c) 560 : 80 = ☐
560 : 8 = ☐

d) 180 : 60 = ☐
180 : 6 = ☐

e) 400 : 80 = ☐
400 : 8 = ☐

f) 160 : 40 = ☐
160 : 4 = ☐

Seite 15 Aufgabe 2

a) 2 8 0 : 7 0 =   4
2 8 0 :   7 = 4 0

b) ...

3 Löse die Aufgaben.
Kontrolliere jedes Ergebnis mit der Umkehraufgabe.

a) 420 : 60 = ☐

b) 160 : 20 = ☐

c) 450 : 50 = ☐

d) 250 : 5 = ☐

e) 280 : 4 = ☐

f) 540 : 9 = ☐

Seite 15 Aufgabe 3

a) 4 2 0 : 6 0 = 7,
denn
7 · 6 0 = 4 2 0

b) ...

 4 Erstelle gemeinsam mit einem anderen Kind ein Lege- oder Kartenspiel
zum Üben von Multiplikations- und Divisionsaufgaben.

★ verwandte Divisionsaufgaben mit Einer- und Zehnerzahlen als Divisor mithilfe der Umkehraufgaben lösen ★ durch Zehner- und Einerzahlen dividieren, mithilfe der Umkehraufgabe
kontrollieren ★ MK: Spiel zum Üben von Multiplikations- und Divisionsaufgaben erstellen

AH 54   **15**

> Immer 30 Flaschen:
> 30, 60, 90

> Immer 20 Flaschen:
> 20, 40, 60

1 Berechne die Anzahl der Flaschen.

a) 2 Kisten Apfelsaft

4 Kisten Apfelsaft

6 Kisten Apfelsaft

b) 2 Kisten Orangensaft

4 Kisten Orangensaft

6 Kisten Orangensaft

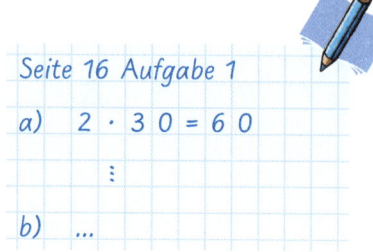

Seite 16 Aufgabe 1
a) 2 · 3 0 = 6 0
⋮
b) ...

2 Berechne die Anzahl der Kisten.

a) 90 Flaschen Apfelsaft

150 Flaschen Apfelsaft

210 Flaschen Apfelsaft

b) 60 Flaschen Orangensaft

100 Flaschen Orangensaft

160 Flaschen Orangensaft

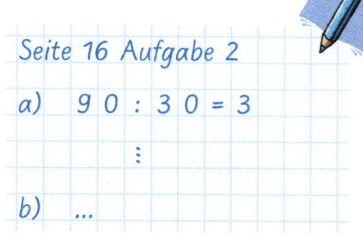

Seite 16 Aufgabe 2
a) 9 0 : 3 0 = 3
⋮
b) ...

3 Übertrage die Tabellen in dein Heft. Fülle sie aus.

a) Apfelsaft

Flaschen	30		240		90		180
Kisten		2		10		9	

Seite 16 Aufgabe 3

a)
Flaschen	30	...
Kisten	1	...

b) ...

b) Orangensaft

Flaschen	20		80		40		120
Kisten		3		10		7	

★ zu einer Sachsituation passende Multiplikations- und Divisionsaufgaben mit Zehnerzahlen finden und lösen

Mit **verwandten Aufgaben** rechnen ist ganz einfach.

$4 \cdot 2 = 8$
$4 \cdot 20 = 80$
$4 \cdot 200 = 800$

$8 : 2 = 4$
$80 : 2 = 40$
$800 : 2 = 400$

---

1 Löse die verwandten Aufgaben.
Schreibe die Ergebnisse in dein Heft.

a) $3 \cdot 2 = \blacksquare$
$3 \cdot 20 = \blacksquare$
$3 \cdot 200 = \blacksquare$

b) $2 \cdot 5 = \square$
$2 \cdot 50 = \square$
$2 \cdot 500 = \square$

c) $3 \cdot 3 = \square$
$3 \cdot 30 = \square$
$3 \cdot 300 = \square$

d) $8 : 4 = \square$
$80 : 4 = \square$
$800 : 4 = \square$

e) $6 : 3 = \square$
$60 : 3 = \square$
$600 : 3 = \square$

f) $6 : 2 = \square$
$60 : 2 = \square$
$600 : 2 = \square$

Seite 17 Aufgabe 1
a)   6   b) ...
    6 0
    6 0 0

2 Finde und löse zuerst die kleinen Aufgaben.

a) $\blacksquare \cdot \blacksquare = \blacksquare$
$\blacksquare \cdot \blacksquare = \blacksquare$
$2 \cdot 300 = \blacksquare$

b) $\square \cdot \square = \square$
$\square \cdot \square = \square$
$8 \cdot 100 = \square$

c) $\square : \square = \square$
$\square : \square = \square$
$600 : 3 = \square$

Seite 17 Aufgabe 2
a)   2 ·   3 =   6
    2 ·   ...   =   ...
    2 · 3 0 0 = ...
b)   ...

3 Löse die Aufgaben mithilfe der Tauschaufgaben.
Schreibe die Ergebnisse in dein Heft.

a) $1 \cdot 5 = \blacksquare$
$10 \cdot 5 = \square$
$100 \cdot 5 = \square$

b) $2 \cdot 3 = \square$
$20 \cdot 3 = \square$
$200 \cdot 3 = \square$

c) $4 \cdot 2 = \square$
$40 \cdot 2 = \square$
$400 \cdot 2 = \square$

Seite 17 Aufgabe 3
a)   5   b) ...
     5 0
   ...

4 Löse die Aufgaben mithilfe der Umkehraufgaben.

a) $6 : 2 = \square$
$60 : 20 = \square$
$600 : 200 = \square$

$3 \cdot 2 = 6$
$3 \cdot 20 = 60$
$3 \cdot 200 = 600$

b) $9 : 3 = \square$
$90 : 30 = \square$
$900 : 300 = \square$

Seite 17 Aufgabe 4
a)   6 :   2 = ...
     6 0 :   2 0 = ...
     6 0 0 : 2 0 0 = ...
b)   ...

★ Multiplikations- und Divisionsaufgaben mit Zehner- und Hunderterzahlen mithilfe verwandter Aufgaben, Tauschaufgaben und Umkehraufgaben lösen

4 · heißt das **4-Fache**.
: 4 heißt der **4. Teil**.

Das 4-Fache von 5 ist 20.
Der 4. Teil von 20 ist 5.

1 Schreibe passende Rechenaufgaben auf.

a) das 3-Fache von 50   b) der 8. Teil von 320

c) das 5-Fache von 80   d) die Hälfte von 240

e) das 40-Fache von 5   f) der 9. Teil von 540

g) das Doppelte von 90   h) der 6. Teil von 300

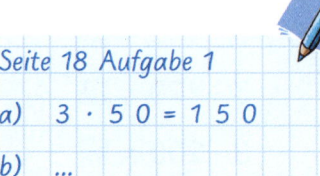

Seite 18 Aufgabe 1
a) 3 · 5 0 = 1 5 0
b) ...

2 Löse die Zahlenrätsel.
Schreibe deine Rechenschritte auf.

Seite 18 Aufgabe 2
Tim: ...

Meine Zahl ist
um 30 kleiner
als das 4-Fache
von 200.

Tim

Meine Zahl erhältst du,
wenn du zum
5. Teil von 400
noch 120 addierst.

Janek

Halbiere das
40-Fache von 3.
So erhältst du
meine Zahl.

Sofie

Verdopple den 4. Teil
von 800.
So erhältst du
meine Zahl.

Mai-Lin

3 Finde selbst weitere Zahlenrätsel.
Stelle sie einem anderen Kind vor.
Bitte es, seinen Lösungsweg zu beschreiben.

Seite 18 Aufgabe 3
...

D 53

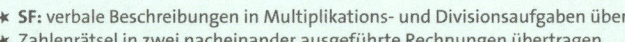
★ **SF:** verbale Beschreibungen in Multiplikations- und Divisionsaufgaben übertragen
★ Zahlenrätsel in zwei nacheinander ausgeführte Rechnungen übertragen

1 Finde zu jeder Rechengeschichte (G) eine Frage (F) und die passende Rechnung (R). Prüfe zum Schluss, ob Geschichte, Frage und Rechnung zusammenpassen.

a) G: Im Theater gibt es immer 40 Sitze in einer Reihe. Alle sieben Reihen sind voll besetzt.

F: ▢

R: ▢

Seite 19 Aufgabe 1
a) F: ...
*   R: ...*
b) ...

b) G: Im Zirkuszelt gibt es 720 Plätze. In jeder Reihe können 80 Personen sitzen.

F: ▢

R: ▢

c) G: Die Lehrerin verteilt 160 Perlen an acht Kinder.

F: ▢

R: ▢

2 Schreibe zu jeder Rechnung (R) eine Rechengeschichte (G).

a R: 3 · 50 = 150   **b** R: 350 : 70 = 5

c R: 70 · 3 = 210   **d** R: 200 : 5 = 40

Seite 19 Aufgabe 2
a) ...

e Prüfe gemeinsam mit einem anderen Kind, ob deine Rechengeschichten zu den Rechnungen passen.

3 Schreibe die Rechnung (R) und den Antwortsatz (A) auf.

G: Lisa, Lea und Patrick wollen 600 Einladungen zum Schulfest verteilen. Sie teilen sie gleichmäßig untereinander auf. Patrick gibt seinem Bruder 50 Stück zum Auslegen an seiner Schule.

F: Wie viele Einladungen muss Patrick noch verteilen?

R: ▢

A: ▢

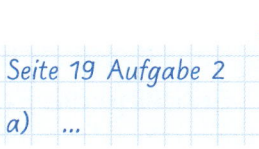

Seite 19 Aufgabe 3
R: ...
A: ...

★ zu Sachsituationen passende Fragen, Rechnungen und Antworten finden
★ SF: zu vorgegebenen Multiplikations- und Divisionsaufgaben passende Rechengeschichten formulieren und auf Plausibilität prüfen

1 Suche die oben abgebildeten Gegenstände.

a) Vergleiche wie Tim das Gewicht von zwei Gegenständen mit den Händen.
Lege die Gegenstände dem Gewicht nach geordnet in eine Reihe.
Beginne mit dem leichtesten.

b) Überprüfe dein Ergebnis wie Lea mit der Kleiderbügelwaage.

2 Suche selbst weitere Gegenstände.
Vergleiche ihr Gewicht mit der Kleiderbügelwaage.
Schreibe die Ergebnisse der Vergleiche in dein Heft.

Seite 20 Aufgabe 2
...

| ... ist leichter als ... | ... ist schwerer als ... | ... ist genauso schwer wie ... |

3 Entscheide, ob die Aussagen richtig oder falsch sind.

a) Der Bleistift ist leichter als die Schere.

Seite 20 Aufgabe 3
a) ...

b) Die Schere ist schwerer als das Buch.

c) Das Buch ist leichter als der Stift.

d) Der Radiergummi ist schwerer als das Lineal.

4 Kann man mit den Händen und der Kleiderbügelwaage immer genau vergleichen,
welcher Gegenstand schwerer ist? Besprecht eure Überlegungen.

★ Masse von Gegenständen mit den Händen und mit der Kleiderbügelwaage vergleichen
und ordnen ★ Aussagen bewerten ★ Möglichkeiten und Grenzen bei Massevergleichen von
Gegenständen mit den Händen und der Kleiderbügelwaage reflektieren

1 Mit der Balkenwaage oder der Tafelwaage kannst du das Gewicht von zwei Gegenständen vergleichen.

a) Suche jeweils zwei Gegenstände.
Vergleiche ihr Gewicht mit der Balkenwaage oder Tafelwaage.
Schreibe die Ergebnisse von fünf Vergleichen in dein Heft.

b) Vergleiche nun das Gewicht von drei Gegenständen.
Ergänze dazu die Pfeilbilder in deinem Heft.

Seite 21 Aufgabe 1
a) ...
b) ist schwerer als:
...
ist leichter als:
...

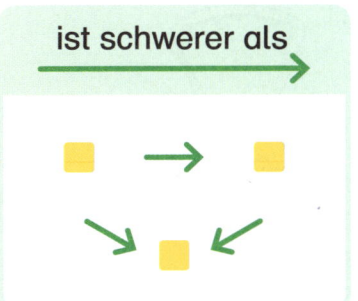

ist schwerer als

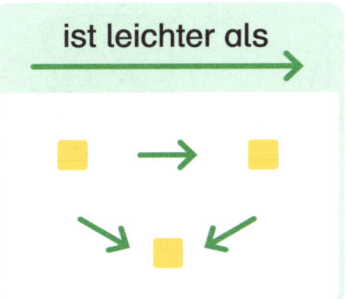

ist leichter als

2 Suche gemeinsam mit einem anderen Kind weitere Gegenstände.
Vergleicht ihr Gewicht.
Schätzt zuerst und vergleicht dann mit der Balkenwaage oder der Tafelwaage.

3 Besprecht, was ihr mit der Balkenwaage oder der Tafelwaage feststellen könnt.
Könnt ihr bestimmen, wie schwer ein Gegenstand ist?
Könnt ihr herausfinden, um wieviel ein Gegenstand schwerer ist als ein anderer?

★ Massevergleiche von Gegenständen mit der Tafel- oder Balkenwaage durchführen
★ SF: Massevergleiche verbalisieren und in einem Pfeilbild notieren ★ SF: Möglichkeiten und
Grenzen beim erprobten Umgang mit der Balken- und Tafelwaage reflektieren

21

Um Gewichte von Dingen zu bestimmen, benutzt man eine **Waage**. Es gibt unterschiedliche Waagen.

1 Schreibe in deinem Heft für jede Waage den passenden Namen auf.

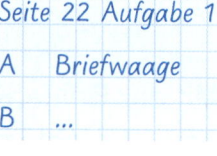

Seite 22 Aufgabe 1

| A | Briefwaage |
| B | ... |

A

B

C

D

E

F

G

H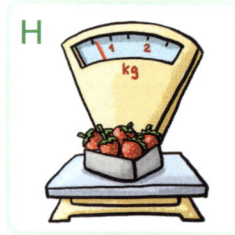

Personenwaage   Kofferwaage   Zeigerwaage

Verkaufswaage   Tafelwaage

Briefwaage   Küchenwaage   Balkenwaage

2 Überlege, wo die Waagen genutzt werden und was damit gewogen wird. Besprich deine Überlegungen mit anderen Kindern oder auch mit deinen Eltern.

* **SF:** verschiedene Waagen kennenlernen und Überlegungen zu deren Verwendung anstellen

Beim Wiegen mit der Tafelwaage musst du die Gewichtsstücke so zusammenstellen, dass beide Seiten in Balance sind.

Gewichte werden in den Einheiten **Gramm** oder **Kilogramm** angegeben.

1 000 Gramm sind 1 Kilogramm

$$1000\,g = 1\,kg$$
$$1\,kg = 1000\,g$$

1 Bestimme, wie viel das Obst wiegt.

a)

b)

Seite 23 Aufgabe 1

a)   1 kg

b)   ...

c)

d)

e)

f)

2 Bestimme mit der Tafelwaage, wie schwer die Gegenstände sind.

a) Suche dir diese Gegenstände.

Mäppchen   Bleistift   Füller

Einstern-Themenheft   Lesebuch

Seite 23 Aufgabe 2

a)   Mäppchen: ...
       ⋮
b)   ...

b) Suche dir eigene Gegenstände.

★ die Masseeinheiten g und kg sowie Gewichtsstücke der Tafelwaage kennenlernen
★ bei einer abgebildeten Wiegesituation die Masse bestimmen
★ die Masse vorgegebener und selbst gewählter Gegenstände mit der Tafelwaage bestimmen

1 Auf Lebensmittelverpackungen stehen fast immer Gewichtsangaben. Erkunde zu Hause oder beim nächsten Einkauf, welche Gewichtsangaben sich auf verschiedenen Verpackungen finden. Notiere Lebensmittel und ihre Gewichtsangaben.

Seite 24 Aufgabe 1
...

 2 Gestaltet eine Ausstellung.

a] Bringt volle oder leere Lebensmittelverpackungen, auf denen ihr Gewichtsangaben findet, in die Schule mit. Stellt sie auf einem Ausstellungstisch aus.

b] Betrachtet euren Ausstellungstisch.
Findet Lebensmittel, die 1000 g, 500 g, 250 g oder 100 g wiegen.

3 Ordne folgenden Dingen die passende Gewichtsangabe zu.

Seite 24 Aufgabe 3
A   1 0 0 g
B   ...

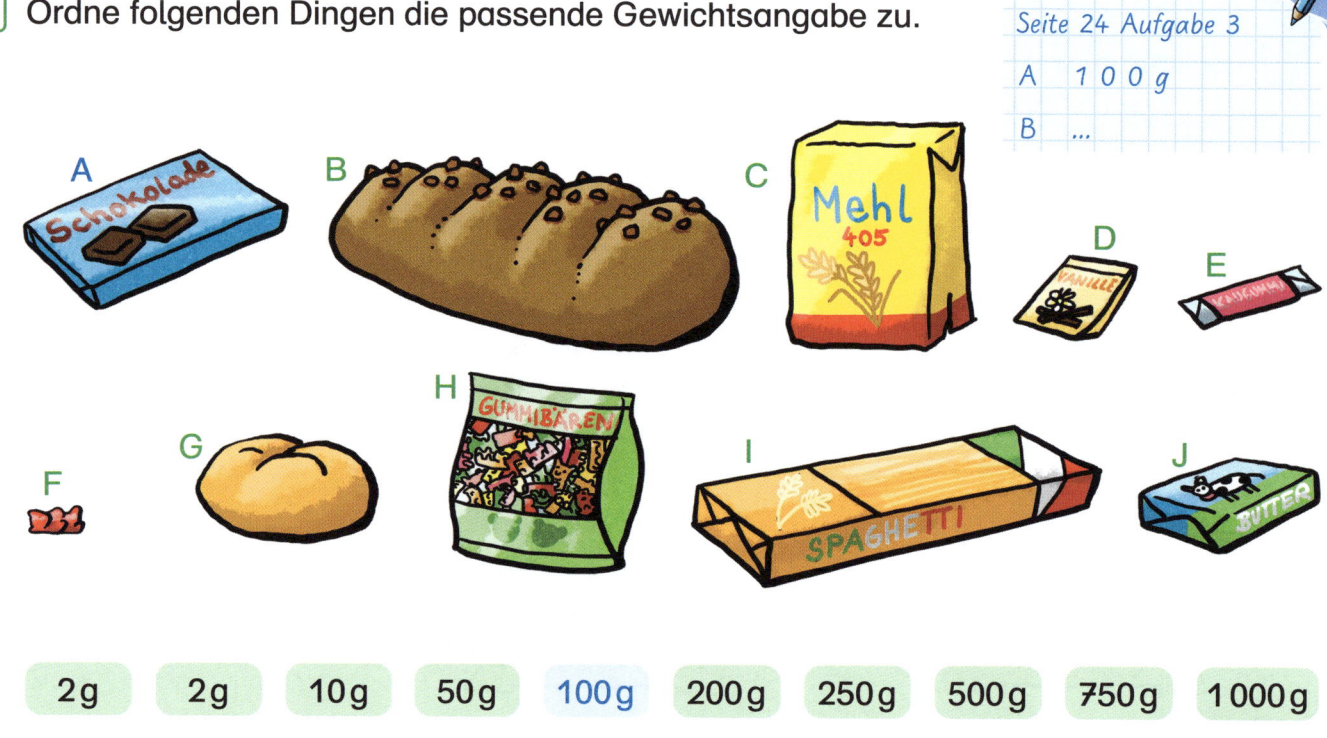

| 2g | 2g | 10g | 50g | 100g | 200g | 250g | 500g | 7̶50g | 1000g |

 4 Erstellt Plakate, auf denen ihr Dinge sammelt, die ungefähr so viel wiegen:

1 g   10 g   100 g   200 g

500 g   1 kg   5 kg   10 kg

Sucht die Dinge in eurer Umgebung, in Prospekten und im Internet.

★ Masseangaben auf Verpackungen erkunden, in der Klasse eine Ausstellung gestalten
★ Masseangaben vorgegebenen Lebensmitteln passend zuordnen
★ MK: Plakate gestalten, Vergleichsgrößen aufbauen

1 Bestimme, wie viel das Obst wiegt.

a)

◻ g

b)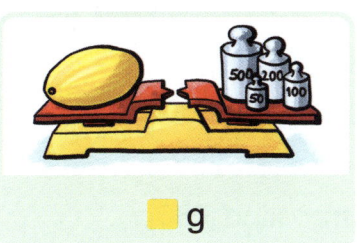

◻ g

Seite 25 Aufgabe 1

a) ...

2 Ordne die Gewichtsangaben passend zu.

A

B

C

D

E

F

Seite 25 Aufgabe 2

A   1 0 g

B   ...

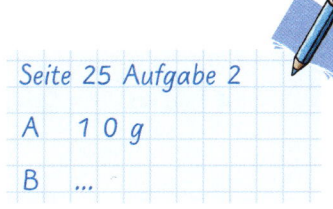

| 1 g | 10 g | 500 g | 1 kg | 10 kg | 100 kg |

3 Setze die Gewichtsangabe g oder kg passend ein.

a) Eine Tube Zahnpasta wiegt ungefähr 100 ◻ .

b) Eine Packung Mehl wiegt ungefähr 1 ◻ .

c) Ein Kugelschreiber wiegt ungefähr 10 ◻ .

d) Eine Kartoffel wiegt ungefähr 90 ◻ .

e) Eine Tintenpatrone wiegt ungefähr 1 ◻ .

f) Ein Löwe wiegt ungefähr 190 ◻ .

Seite 25 Aufgabe 3

a)   1 0 0 g

b)   ...

★ bei einer abgebildeten Wiegesituation die Masse bestimmen
★ Masseangaben vorgegebenen Gegenständen aus dem Alltag passend zuordnen
★ Masseangaben die Einheiten g und kg passend zuordnen

Die Hälfte heißt **ein halb** ($\frac{1}{2}$).
Der vierte Teil ist **ein Viertel** ($\frac{1}{4}$).

Ein Kilogramm sind 1 000 g.	$1\,kg = 1\,000\,g$
Ein halbes Kilogramm sind 500 g.	$\frac{1}{2}\,kg =\ \ 500\,g$
Ein viertel Kilogramm sind 250 g.	$\frac{1}{4}\,kg =\ \ 250\,g$
Drei viertel Kilogramm sind 750 g.	$\frac{3}{4}\,kg =\ \ 750\,g$
Eineinhalb Kilogramm sind 1 kg und 500 g.	$1\frac{1}{2}\,kg = 1\,kg$ und $500\,g$

1 Immer zwei Gewichtsangaben sind gleich. Ordne zu.

1 000 g	250 g	1 kg 500 g	750 g	500 g

$\frac{1}{2}$ kg	1 kg	$\frac{1}{4}$ kg	$\frac{3}{4}$ kg	$1\frac{1}{2}$ kg

Seite 26 Aufgabe 1
1 0 0 0 g = 1 k g
  2 5 0 g = ...

2 Übertrage die Tabelle in dein Heft. Berechne jeweils die fehlenden Angaben.

	ZUCKER	Butter	SPAGHETTI	Schokolade
voll	1000 g	$\frac{1}{4}$ kg	$\frac{1}{2}$ kg	■
verbraucht	80 g	■	220 g	25 g
Rest	■	175 g	■	75 g

Seite 26 Aufgabe 2

	Zucker	...
voll	1000 g	...
verbraucht	80 g	...
Rest	920 g	...

3 Zutaten für 12 Bananen-Haferflocken-Muffins

120 g Mehl	1 Teelöffel Backpulver
120 g Haferflocken	2 Eier
70 g Zucker	2 zerdrückte Bananen
80 g Butter	

a) Schreibe die Zutatenliste für 6 Muffins auf.

b) Lea backt für ihre Klasse. Sie braucht Zutaten für 24 Muffins. Schreibe die Zutaten auf.

c) Berechne, wie viel in den Packungen übrig ist, wenn 24 Muffins gebacken wurden.

Seite 26 Aufgabe 3
a) 6 0 g Mehl
        ⋮
b) ...

★ Masseangaben in kg mit Bruchzahlen kennenlernen und in g bzw. kg und g umwandeln
★ zu einer in Tabellenform dargestellten Sachsituation Masseangaben berechnen
★ Mengenangaben eines Rezepts halbieren und verdoppeln

	kg	100 g	10 g	1 g	
1 kg 25 g =	1	0	2	5	= 1,025 kg

Eins Komma null zwei fünf Kilogramm.

Das Komma trennt kg und g.
1 kg 25 g = 1,025 kg

---

1 Lies die Gewichtsangaben in der Tabelle ab.
Notiere sie auf drei Arten.

	kg	100 g	10 g	1 g
a)	0	3	5	4
b)	0	2	0	5
c)	0	7	5	0
d)	1	5	0	0
e)	1	0	5	6

Seite 27 Aufgabe 1
a) 0 kg 354 g = 0,354 kg = 354 g
b) ...

2 Vergleiche. Setze die Zeichen <, > oder = passend ein.

a) 180 g ⬤ 750 g

1 kg 250 g ⬤ 1,025 kg

580 g ⬤ $\frac{1}{2}$ kg

b) 1 kg 50 g ⬤ 1,5 kg

75 g ⬤ $\frac{3}{4}$ kg

0,250 kg ⬤ 250 g

Seite 27 Aufgabe 2
a) 180 g < 750 g
⋮
b) ...

3 Ordne die Gewichtsangaben.

a) Beginne mit der kleinsten Gewichtsangabe.

0,250 kg   520 g   25 g   0,052 kg $1\frac{1}{2}$ kg

Seite 27 Aufgabe 3
a) 25 g < ...
b) $\frac{1}{2}$ kg > ...

b) Beginne mit der größten Gewichtsangabe.

45 g   405 g   0,450 kg $\frac{1}{2}$ kg   0,054 kg

★ Kommaschreibweise bei Masseangaben kennenlernen
★ Masseangaben in einer Tabelle ablesen und in andere Schreibweisen übertragen
★ Masseangaben in unterschiedlichen Einheiten vergleichen und der Größe nach ordnen

ÜH 54   AH 56   **27**

1 Bestimme die Gewichtsstücke,
die du zum Abwiegen der folgenden
Gewichte benötigst.
Benutze so wenige wie möglich.

a) Zeichne die Gewichte vereinfacht auf.

310 g   425 g   80 g

b) Schreibe als Additionsaufgabe.

226 g   654 g   175 g

Seite 28 Aufgabe 1
a) 310 g: (200 g) (100 g) (10 g)
⋮
b) 226 g = 200 g + 20 g + 5 g + 1 g
⋮

2 Mit den angegebenen Gewichtsstücken wurde gewogen. Bestimme die Summe.

	500 g	200 g	100 g	50 g	20 g	10 g	5 g	2 g	1 g
a)		×	×	×	×	×		×	×
b)	×	×	×			×		×	×
c)							×	×	×
d)	×		×	×	×		×		

Seite 28 Aufgabe 2
a) 3 8 3 g
b) ...

3 Ergänze in deinem Heft.

a)

600 g + ⬛ = 1 000 g
750 g + 🟨 = 1 000 g
$\frac{1}{2}$ kg + 🟨 = 1 000 g

b)

450 g + 🟨 = 500 g
370 g + 🟨 = 500 g
$\frac{1}{4}$ kg + 🟨 = 500 g

Seite 28 Aufgabe 3
a) 600 g + 400 g = 1000 g
⋮
b) ...

4 Löse die Aufgaben. Wandle zuerst alle Gewichtsangaben im Kopf in Gramm um.

a) 0,800 kg + 0,200 kg = ⬛
0,250 kg + 0,250 kg = 🟨
0,310 kg + 0,550 kg = 🟨

b) 0,750 kg − 0,250 kg = 🟨
1,000 kg − 0,300 kg = 🟨
0,350 kg − 0,050 kg = 🟨

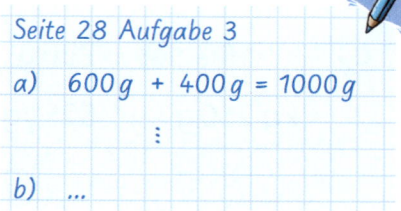

Seite 28 Aufgabe 4
a) 0,800 kg + 0,200 kg = 1 kg
⋮
b) ...

★ beim Wiegen benötigte Wägestücke rechnerisch ermitteln ★ die Gesamtmasse über
verwendete Wägestücke berechnen ★ Masseangaben bis zur vorgegebenen Masse ergänzen
★ Additionsaufgaben und Subtraktionsaufgaben mit Masseangaben in Kommazahlen lösen

1 Bestimme, wie viel deine Schultasche und ihr Inhalt wiegen.

a) Schätze, wie viel deine gepackte Schultasche wiegt. Bestimme dann das Gewicht mit einer Waage.

b) Übertrage die Tabelle in dein Heft. Schreibe alle Gegenstände, die du in deiner Schultasche hast, in die Tabelle. Schätze, wie viel sie wiegen, und schreibe es dazu.

Seite 29 Aufgabe 1

a) gepackte Schultasche

Gewicht geschätzt: ...

Gewicht gewogen: ...

b)

Gegenstand	Gewicht geschätzt	...
...	...	...

c) ...

Gegenstand	Gewicht geschätzt	Gewicht gewogen	kann zu Hause bleiben
🟨	🟨	🟨	🟨
🟨	🟨	🟨	🟨

c) Bestimme mit der Waage, wie viel die einzelnen Gegenstände wiegen. Schreibe es dazu. Wie genau hast du geschätzt?

d) Schätze das Gewicht deiner leeren Schultasche. Bestimme es anschließend mit der Waage.

2 Nach Empfehlung der Kinderkommission des Deutschen Bundestages sollte deine Schultasche höchstens so schwer sein:

a) Überlege, was du zu Hause oder in der Schule lassen kannst, damit deine Tasche leichter wird. Kreuze die Gegenstände in Aufgabe **1** an.

b) Bestimme, wie viel deine Schultasche ohne die aussortierten Gegenstände wiegt.

Körpergewicht	Ranzen – Höchstgewicht
18 bis 23 kg	2,2 bis 2,8 kg
24 bis 28 kg	2,9 bis 3,4 kg
29 bis 33 kg	3,5 bis 4,0 kg
34 bis 38 kg	4,1 bis 4,6 kg
39 bis 43 kg	4,7 bis 5,2 kg

Muss ich alles mitnehmen?

★ Gesamtmasse der vollen Schultasche bestimmen
★ von Gegenständen in der Schultasche die Masse schätzen und wiegen
★ überprüfen, ob die Gesamtmasse der Empfehlung entspricht

1 Die beiden Mobiles sind im Gleichgewicht.
Bestimme, wie viel die einzelnen Teile wiegen.

a)

Fisch: ☐

Seepferdchen: ☐

Tintenfisch: ☐

Seestern: ☐

Seite 30 Aufgabe 1

a)   Fisch: ...

*   ⋮*

b)   ...

b)

rote Blume: ☐

blaue Blume: ☐

gelbe Blume: ☐

orange Blume: ☐

2 Berechne, wie schwer die Kinder sind. Vergleiche dein Vorgehen
und deine Ergebnisse mit denen eines anderen Kindes.
Überlegt gemeinsam, ob die Ergebnisse stimmen können.

a) Tim ist 4 kg schwerer als Sofie.
Zusammen wiegen sie 52 kg.

b) Lea und Maja sind gleich schwer.
Sie wiegen zusammen 54 kg.
Beide sind je 3 kg leichter als Ole.

c) Max und Lisa wiegen zusammen 51 kg.
Lisa ist 5 kg leichter als Max.

Seite 30 Aufgabe 2

a)   Tim: ... kg

*   Sofie: ... kg*

b)   Lea: ... kg

*   Maja: ... kg*

*   Ole: ... kg*

c)   ...

★ Knobelaufgaben zum Ausbalancieren eines Mobiles lösen ★ **MK:** aus einer
Sachaufgabe relevante Informationen entnehmen und berechnen, wie viel die Kinder wiegen
★ Ergebnisse mit denen eines anderen Kindes vergleichen und auf Plausibilität prüfen

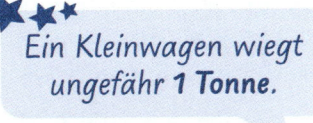

Ein Kleinwagen wiegt ungefähr **1 Tonne**.

Eine große Kuh wiegt ungefähr **1 Tonne**.

1 000 Kilogramm sind 1 Tonne.
1 000 kg =   1 t
   1 t   = 1 000 kg

---

1 Ordne Tiere und Gewichtsangaben passend zu.

a)

Elefant	Giraffe	Blauwal	Zebra
1 t 600 kg	320 kg	5 t	130 t

b)

Seeelefant	Eisbär	Nashorn	Flusspferd
3 t	1 t 500 kg	4 t	650 kg

Seite 31 Aufgabe 1
a)   Elefant: 5 t
        Giraffe: ...
b)   ...

---

2 Ordne die Fahrzeuge nach ihrem Gewicht.
Beginne mit dem leichtesten.

A   Bus: ungefähr 11 t   B   Fahrrad: ungefähr 13 kg

C   E-Bike: ungefähr 22 kg   D   mittelgroßes Auto: ungefähr 1 t 500 kg

E   Kleintransporter: ungefähr 2 t   F   Motorrad: ungefähr 200 kg

G   großer LKW mit Anhänger: ungefähr 35 t

Seite 31 Aufgabe 2
B < ...

---

3 Ergänze auf 1 t.

a) 400 kg + ▮ = 1 000 kg
   250 kg + ▮ = 1 000 kg
   820 kg + ▮ = 1 000 kg

b) 700 kg + ▮ = 1 t
   450 kg + ▮ = 1 t
   930 kg + ▮ = 1 t

Seite 31 Aufgabe 3
a)   600 kg   b)   ...
    ⋮

★ die Masseeinheit t kennenlernen ★ Tieren vorgegebene Masseangaben
in t und kg passend zuordnen ★ Fahrzeuge nach ihrer Masse ordnen
★ Masseangaben bis zur vorgegebenen Gesamtmasse ergänzen

D 56

31

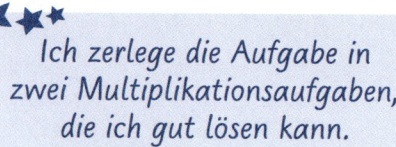

Ich zerlege die Aufgabe in zwei Multiplikationsaufgaben, die ich gut lösen kann.

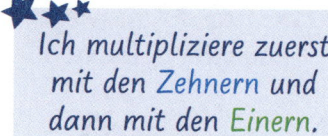

Ich multipliziere zuerst mit den Zehnern und dann mit den Einern.

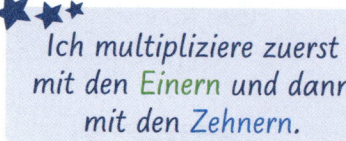

Ich multipliziere zuerst mit den Einern und dann mit den Zehnern.

5 · 23 = ☐

Lisa

5 · 23 = 115
2 · 23 = 46
3 · 23 = 69

Tobi

5 · 23 = 115
5 · 20 = 100
5 · 3 = 15

Mai-Lin

5 · 23 = 115
5 · 3 = 15
5 · 20 = 100

1 Wie rechnest du die Aufgabe 5 · 23?
Begründe deine Wahl einem anderen Kind.

2 Schreibe zu jedem Bild die passende Multiplikationsaufgabe und deine Rechenschritte auf.

a)

b)

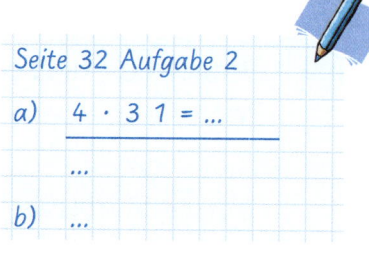

Seite 32 Aufgabe 2

a)   4 · 3 1 = ...
      _____
      ...

b)   ...

c)

d)

e)

f)

★ beim schrittweisen Multiplizieren von zweistelligen Zahlen verschiedene Vorgehensweisen nachvollziehen, den eigenen Rechenweg auswählen, **SF:** Wahl begründen
★ mit dem eigenen Rechenweg zweistellige Zahlen schrittweise multiplizieren

3 Löse die Aufgaben. Schreibe deine Rechenschritte auf.

a) 6 · 54 = ⬜
   ⬜ · ⬜ = ⬜
   ⬜ · ⬜ = ⬜

b) 3 · 74 = ⬜
   ⬜ · ⬜ = ⬜
   ⬜ · ⬜ = ⬜

c) 5 · 68 = ⬜
   ⬜ · ⬜ = ⬜
   ⬜ · ⬜ = ⬜

d) 4 · 76 = ⬜
   ⬜ · ⬜ = ⬜
   ⬜ · ⬜ = ⬜

Seite 33 Aufgabe 3
a) 6 · 5 4 = ...
       ...
b) ...

4 Bestimme die Aufgabe, die zu den Teilaufgaben gehört.
Berechne die Ergebnisse.

a) ⬜ · ⬜ = ⬜
   5 · 20 = ⬜
   5 · 7 = ⬜

b) ⬜ · ⬜ = ⬜
   7 · 8 = ⬜
   7 · 60 = ⬜

Seite 33 Aufgabe 4
a) ...

5 Ergänze die fehlenden Zahlen in deinem Heft.

a)
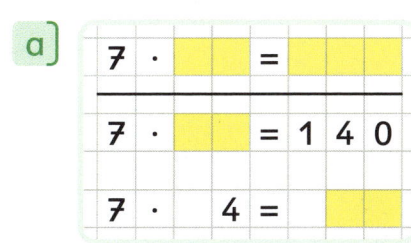

7 · ⬜ = ⬜
7 · ⬜ = 1 4 0
7 · 4 = ⬜

b)
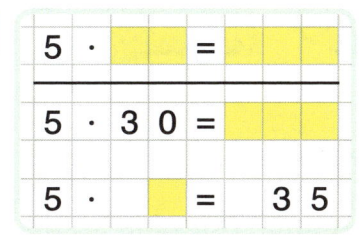

5 · ⬜ = ⬜
5 · 3 0 = ⬜
5 · ⬜ = 3 5

Seite 33 Aufgabe 5
a) ...

6 Löse die Aufgaben mithilfe der Tauschaufgaben.

a) 73 · 5 = ⬜

b) 69 · 4 = ⬜

c) 32 · 9 = ⬜

d) 95 · 6 = ⬜

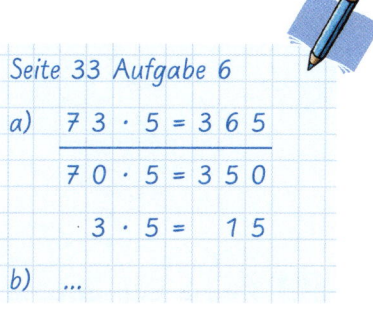

Seite 33 Aufgabe 6
a) 7 3 · 5 = 3 6 5
       7 0 · 5 = 3 5 0
          3 · 5 =   1 5
b) ...

★ zweistellige Zahlen schrittweise multiplizieren und die eigenen Rechenschritte notieren
★ zu vorgegebenen Rechenschritten die passende Multiplikationsaufgabe finden
★ beim schrittweisen Multiplizieren von zweistelligen Zahlen fehlende Zahlen ergänzen

ÜH 55   **33**

1 Löse die Aufgaben.

a)
2 · 84 = ☐
☐ · ☐ = ☐
☐ · ☐ = ☐

4 · 42 = ☐
☐ · ☐ = ☐
☐ · ☐ = ☐

8 · 21 = ☐
☐ · ☐ = ☐
☐ · ☐ = ☐

b)
2 · 96 = ☐
☐ · ☐ = ☐
☐ · ☐ = ☐

4 · 48 = ☐
☐ · ☐ = ☐
☐ · ☐ = ☐

8 · 24 = ☐
☐ · ☐ = ☐
☐ · ☐ = ☐

c)
56 · 2 = ☐
☐ · ☐ = ☐
☐ · ☐ = ☐

28 · 4 = ☐
☐ · ☐ = ☐
☐ · ☐ = ☐

14 · 8 = ☐
☐ · ☐ = ☐
☐ · ☐ = ☐

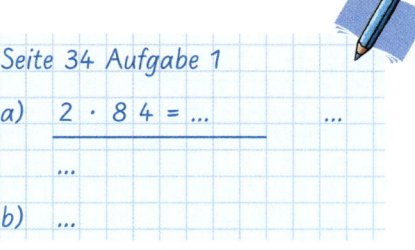

Seite 34 Aufgabe 1
a) 2 · 8 4 = ...
   ...
b) ...

d) Betrachtet die Aufgaben und Ergebnisse in a) bis c).
Was stellt ihr fest?

2 Ergänze die Aufgabenreihen nach dem Muster in
Aufgabe **1**.

a)
2 · 88 = ☐
☐ · ☐ = ☐
☐ · ☐ = ☐

4 · ☐ = ☐
☐ · ☐ = ☐
☐ · ☐ = ☐

8 · ☐ = ☐
☐ · ☐ = ☐
☐ · ☐ = ☐

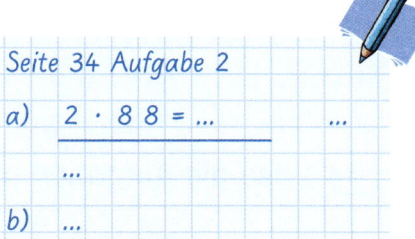

Seite 34 Aufgabe 2
a) 2 · 8 8 = ...
   ...
b) ...

b)
64 · 2 = ☐
☐ · ☐ = ☐
☐ · ☐ = ☐

☐ · 4 = ☐
☐ · ☐ = ☐
☐ · ☐ = ☐

☐ · 8 = ☐
☐ · ☐ = ☐
☐ · ☐ = ☐

c Finde selbst eine Aufgabenreihe.

★ zweistellige Zahlen schrittweise multiplizieren und die eigenen Rechenschritte notieren,
dabei Aufgabenreihen erkennen ★ Aufgabenreihen nach vorgegebenem Muster fortsetzen
★ eigene Aufgabenreihe bilden ★ MK: Strukturen erkennen und nutzen

9 · 45	4 · 39	3 · 98
10 · 45 − 1 · 45	4 · 40 − 4 · 1	3 · 100 − 3 · 2
450 − 45 = 405	160 − 4 = 156	300 − 6 = 294

1   Löse die Aufgaben. Rechne wie Meral.

a)   9 · 57   b)   9 · 23

c)   32 · 9   d)   64 · 9

Seite 35 Aufgabe 1

a) ...

2   Löse die Aufgaben. Rechne wie Ole.

a)   3 · 29   b)   5 · 49

c)   39 · 6   d)   59 · 4

Seite 35 Aufgabe 2

a) ...

3   Löse die Aufgaben. Rechne wie Max.

a)   4 · 99   b)   3 · 97

c)   99 · 3   d)   98 · 7

Seite 35 Aufgabe 3

a) ...

4   Rechne geschickt. Löse die Aufgaben im Kopf.

a)   3 · 99 = ☐   b)   9 · 35 = ☐

c)   4 · 49 = ☐   d)   26 · 9 = ☐

e)   8 · 29 = ☐   f)   98 · 5 = ☐

Seite 35 Aufgabe 4

a) ...

5   Rechne im Kopf oder schreibe deine Rechenschritte auf.

a)   99 · 6 = ☐   b)   3 · 52 = ☐

c)   29 · 5 = ☐   d)   9 · 37 = ☐

e)   9 · 25 = ☐   f)   4 · 98 = ☐

Seite 35 Aufgabe 5

a)   5 9 4

b) ...

★ Rechenschritte zum vereinfachten Rechnen nachvollziehen und anwenden
★ vereinfachte Rechnungen finden und Aufgaben im Kopf lösen
★ entscheiden, welche Aufgaben im Kopf gelöst werden können

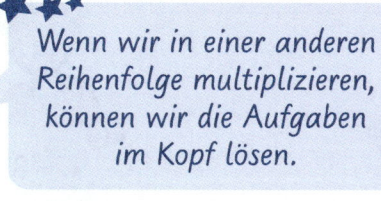

Wenn wir in einer anderen Reihenfolge multiplizieren, können wir die Aufgaben im Kopf lösen.

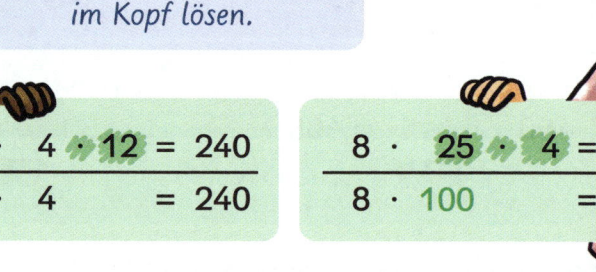

$2 \cdot 18 \cdot 5 = 180$
$10 \cdot 18 \quad = 180$

$5 \cdot 4 \cdot 12 = 240$
$60 \cdot 4 \quad = 240$

$8 \cdot 25 \cdot 4 = 800$
$8 \cdot 100 \quad = 800$

---

1 Löse die Aufgaben. Rechne geschickt.
Schreibe die vereinfachte Rechnung mit Lösung auf.

a) $5 \cdot 25 \cdot 2 = \square$
$17 \cdot 2 \cdot 5 = \square$
$2 \cdot 53 \cdot 5 = \square$

b) $5 \cdot 7 \cdot 4 = \square$
$15 \cdot 0 \cdot 4 = \square$
$6 \cdot 2 \cdot 35 = \square$

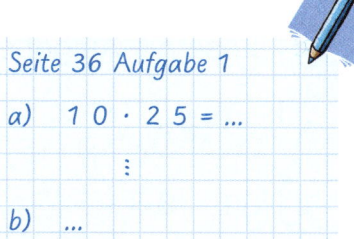

Seite 36 Aufgabe 1
a) $1\,0 \cdot 2\,5 = \ldots$
⋮
b) ...

2 Löse die Aufgaben. Rechne geschickt.
Schreibe die vereinfachte Rechnung mit Lösung auf.

a) $2 \cdot 32 \cdot 5 = \square$
$5 \cdot 2 \cdot 27 = \square$
$45 \cdot 2 \cdot 5 = \square$

b) $50 \cdot 7 \cdot 2 = \square$
$4 \cdot 8 \cdot 25 = \square$
$5 \cdot 20 \cdot 4 = \square$

Seite 36 Aufgabe 2
a) ...

3 Finde selbst zwei Aufgaben, die du
mit dem Tipp der Kinder geschickt lösen kannst.

 $\square \cdot \square \cdot \square = \square$

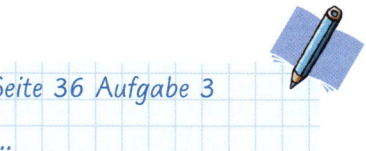

Seite 36 Aufgabe 3
...

4 Bilde aus den Kärtchen passende Aufgaben.

2   4   5   6   8   20   25

a) $\square \cdot \square \cdot \square = 240$

b) $\square \cdot \square \cdot \square = 250$

c) $\square \cdot \square \cdot \square = 600$

d) $\square \cdot \square \cdot \square = 800$

Seite 36 Aufgabe 4
a) ...

★ das Assoziativgesetz der Multiplikation kennenlernen und anwenden
★ aus Aufgabenkärtchen nach Vorgabe geeignete Aufgaben zusammenstellen

1 Die Klasse von Lea und Tim hat
bei einem Mal-Wettbewerb 100 € gewonnen.
Die Kinder überlegen, was sie für die Pausenkiste
anschaffen können.

a) Überschlage, welche Anschaffungen möglich sind.

A 10 Springseile und 1 Fußball	B 5 Basketbälle und 2 Tischtennis-Sets

C 1 Pedalroller und 2 Moonhopper	D 10 Jonglierbälle und 4 Softbälle

E 4 Moonhopper und 1 Packung Straßenkreide	F 1 Pedalroller, 4 Tischtennis-Sets und 4 Gummitwists

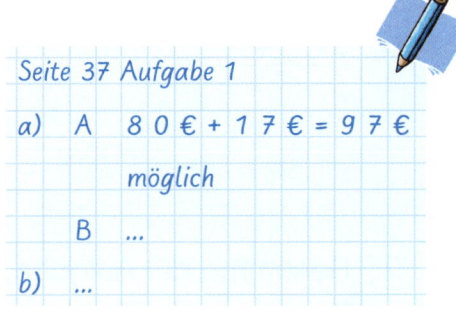

Seite 37 Aufgabe 1

a)   A   80 € + 17 € = 97 €
           möglich
     B   ...
b)   ...

b) Suche selbst eine weitere Möglichkeit.

2 Hier sind vier Aufgaben falsch.
Finde sie mithilfe der Überschlagsrechnung.

a) $4 \cdot 23 = 138$

b) $3 \cdot 86 = 204$

c) $8 \cdot 48 = 324$

d) $22 \cdot 8 = 176$

e) $6 \cdot 69 = 414$

f) $49 \cdot 5 = 545$

Seite 37 Aufgabe 2

a) $4 \cdot 20 = 80$, falsch
b)   ...

Ich zerlege geschickt, so dass ich gut durch 3 dividieren kann.

$$51 : 3 = \square$$

$$51 : 3 = 17$$
$$30 : 3 = 10$$
$$21 : 3 = 7$$

---

1 Löse die Aufgaben.
Zerlege in zwei Teilaufgaben.

a) $91 : 7 = \blacksquare$
$\blacksquare : \blacksquare = \blacksquare$
$\blacksquare : \blacksquare = \blacksquare$

b) $65 : 5 = \square$
$\square : \square = \square$
$\square : \square = \square$

c) $45 : 3 = \square$
$\square : \square = \square$
$\square : \square = \square$

d) $96 : 8 = \square$
$\square : \square = \square$
$\square : \square = \square$

e) $64 : 4 = \square$
$\square : \square = \square$
$\square : \square = \square$

f) $78 : 6 = \square$
$\square : \square = \square$
$\square : \square = \square$

Seite 38 Aufgabe 1

a) $9\ 1 : 7 = ...$
$7\ 0 : 7 = 1\ 0$
...

b) ...

---

2 Bestimme die Aufgabe, die zu den Teilaufgaben gehört.
Berechne die Ergebnisse.

a) $\square : \square = \square$
$40 : 4 = \square$
$16 : 4 = \square$

b) $\square : \square = \square$
$50 : 5 = \square$
$35 : 5 = \square$

c) $\square : \square = \square$
$30 : 3 = \square$
$12 : 3 = \square$

d) $\square : \square = \square$
$70 : 7 = \square$
$14 : 7 = \square$

Seite 38 Aufgabe 2

a) ...

---

3 Ergänze die fehlenden Zahlen in deinem Heft.

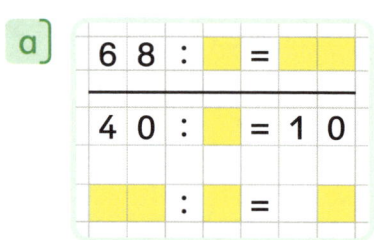

a) 6 8 : [ ] = [ ]
4 0 : [ ] = 1 0
[ ] : [ ] = [ ]

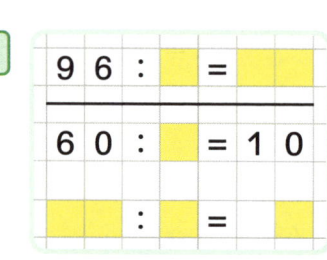

b) 9 6 : [ ] = [ ]
6 0 : [ ] = 1 0
[ ] : [ ] = [ ]

Seite 38 Aufgabe 3

a) ...

★ bei Divisionsaufgaben, deren Quotient einen Zehner hat, Rechenschritte finden und
Aufgaben lösen ★ zu vorgegebenen Rechenschritten die passende Divisionsaufgabe finden
★ beim schrittweisen Dividieren fehlende Zahlen ergänzen

42 : 3 = ☐

$$42 : 3 = 14$$
$$30 : 3 = 10$$
$$12 : 3 = 4$$

Ich kontrolliere mit der Umkehraufgabe.

$$14 \cdot 3 = 42$$
$$10 \cdot 3 = 30$$
$$4 \cdot 3 = 12$$

1 Löse die Aufgaben.
Kontrolliere mit der Umkehraufgabe.

a) 72 : 4 = ☐
☐ : ☐ = ☐
☐ : ☐ = ☐

b) 90 : 6 = ☐
☐ : ☐ = ☐
☐ : ☐ = ☐

c) 95 : 5 = ☐
☐ : ☐ = ☐
☐ : ☐ = ☐

d) 96 : 8 = ☐
☐ : ☐ = ☐
☐ : ☐ = ☐

e) 153 : 9 = ☐
☐ : ☐ = ☐
☐ : ☐ = ☐

f) 112 : 7 = ☐
☐ : ☐ = ☐
☐ : ☐ = ☐

Seite 39 Aufgabe 1

a) 72 : 4 = 18
    40 : 4 = 10
    32 : 4 = 8

    18 · 4 = 72
    10 · 4 = 40
     8 · 4 = 32

b) ...

2 Löse die Zahlenrätsel. Finde eine passende Rechnung (R) und schreibe einen Antwortsatz (A).

Wenn du meine Zahl durch 5 dividierst, erhältst du als Quotienten 12.

Lea

Wenn du meine Zahl durch 8 dividierst, erhältst du als Quotienten 18.

Tim

Seite 39 Aufgabe 2

Lea

R: ...

A: Leas Zahl ist ...

Tim

⋮

★ bei Divisionsaufgaben, deren Quotient einen Zehner hat, passende Rechenschritte finden und Aufgaben lösen ★ Quotienten mit der Umkehraufgabe kontrollieren
★ zu Zahlenrätseln passende Divisionsaufgaben finden und mithilfe der Umkehraufgabe lösen

 ÜH 57   AH 58

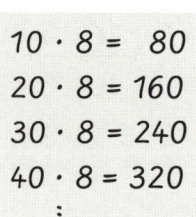

10 · 8 = 80
20 · 8 = 160
30 · 8 = 240
40 · 8 = 320
⋮

★★★
Ich zerlege geschickt.
320 kann ich gut
durch 8 dividieren.

344 : 8 = ☐

344 : 8 = 43
320 : 8 = 40
 24 : 8 = 3

---

1 Suche zuerst die größte Zahl, die du gut dividieren kannst.

10 · 4 = 40
20 · 4 = 80
30 · 4 = 120
40 · 4 = 160
50 · 4 = 200
60 · 4 = 240
70 · 4 = 280
80 · 4 = 320
90 · 4 = 360

a) 340 : 4 = ☐
   ☐ : 4 = ☐
   ☐ : 4 = ☐

b) 172 : 4 = ☐
   ☐ : 4 = ☐
   ☐ : 4 = ☐

c) 204 : 4 = ☐
   ☐ : 4 = ☐
   ☐ : 4 = ☐

d) 296 : 4 = ☐
   ☐ : 4 = ☐
   ☐ : 4 = ☐

e) 248 : 4 = ☐
   ☐ : 4 = ☐
   ☐ : 4 = ☐

f) 148 : 4 = ☐
   ☐ : 4 = ☐
   ☐ : 4 = ☐

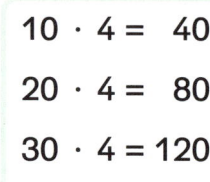

Seite 40 Aufgabe 1
a) 3 4 0 : 4 = 8 5
   3 2 0 : 4 = 8 0
     2 0 : 4 =   5
b) ...

---

2 Suche zuerst die größte Zahl, die du gut dividieren kannst.

10 · 6 = 60
20 · 6 = 120
30 · 6 = 180
40 · 6 = 240
50 · 6 = 300
60 · 6 = 360
70 · 6 = 420
80 · 6 = 480
90 · 6 = 540

a) 144 : 6 = ☐
   ☐ : 6 = ☐
   ☐ : 6 = ☐

b) 276 : 6 = ☐
   ☐ : 6 = ☐
   ☐ : 6 = ☐

c) 450 : 6 = ☐
   ☐ : 6 = ☐
   ☐ : 6 = ☐

d) 378 : 6 = ☐
   ☐ : 6 = ☐
   ☐ : 6 = ☐

e) 324 : 6 = ☐
   ☐ : 6 = ☐
   ☐ : 6 = ☐

f) 192 : 6 = ☐
   ☐ : 6 = ☐
   ☐ : 6 = ☐

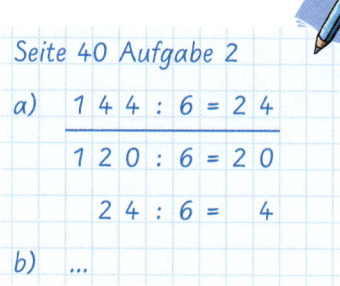

Seite 40 Aufgabe 2
a) 1 4 4 : 6 = 2 4
   1 2 0 : 6 = 2 0
     2 4 : 6 =   4
b) ...

★ Divisionsaufgaben mithilfe des Zehnereinmaleins und des kleinen Einmaleins
schrittweise lösen

3 Löse die Aufgaben in Schritten.
Suche zuerst die Aufgabe aus dem Zehnereinmaleins.

a) 477 : 9 = ☐
☐ : 9 = ☐
☐ : 9 = ☐

b) 205 : 5 = ☐
☐ : 5 = ☐
☐ : 5 = ☐

c) 472 : 8 = ☐
☐ : 8 = ☐
☐ : 8 = ☐

d) 175 : 7 = ☐
☐ : 7 = ☐
☐ : 7 = ☐

e) 168 : 4 = ☐
☐ : 4 = ☐
☐ : 4 = ☐

f) 231 : 3 = ☐
☐ : 3 = ☐
☐ : 3 = ☐

Seite 41 Aufgabe 3
a) ...

4 Bestimme die Aufgabe, die zu den Teilaufgaben gehört.
Berechne die Ergebnisse.

a) ☐ : ☐ = ☐
100 : 5 = ☐
35 : 5 = ☐

b) ☐ : ☐ = ☐
640 : 8 = ☐
16 : 8 = ☐

c) ☐ : ☐ = ☐
180 : 3 = ☐
15 : 3 = ☐

d) ☐ : ☐ = ☐
480 : 6 = ☐
42 : 6 = ☐

Seite 41 Aufgabe 4
a) ...

5 Ergänze die fehlenden Zahlen in deinem Heft.

a)
3 7 8	:	☐	=	☐
3 6 0	:	☐	=	4 0
☐	:	☐	=	☐

b)
2 6 8	:	☐	=	☐
☐		: 4	=	6 0
☐		: 4	=	☐

Seite 41 Aufgabe 5
a) ...

6 Löse die Aufgaben. Kontrolliere mit der Umkehraufgabe.

a) 336 : 4 = ☐

b) 256 : 8 = ☐

c) 365 : 5 = ☐

d) 455 : 7 = ☐

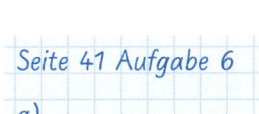

Seite 41 Aufgabe 6
a) ...

★ Divisionsaufgaben mithilfe des Zehnereinmaleins und kleinen Einmaleins schrittweise lösen
★ zu vorgegebenen Rechenschritten passende Divisionsaufgaben finden ★ beim schrittweisen
Dividieren fehlende Zahlen ergänzen ★ mithilfe der Umkehraufgabe kontrollieren

⭐⭐⭐ *Ich zerlege geschickt.*

⭐⭐⭐ *Ich kontrolliere mit der Umkehraufgabe.*

$$86 : 7 = \square \text{ R } \square$$

$$86 : 7 = 12 \text{ R } 2$$
$$70 : 7 = 10$$
$$16 : 7 = 2 \text{ R } 2$$

$$12 \cdot 7 = 84$$
$$10 \cdot 7 = 70$$
$$2 \cdot 7 = 14$$

$$84 + 2 = 86$$

---

1 Löse die Aufgaben.
Kontrolliere mit der Umkehraufgabe.

a) $72 : 5 = \square \text{ R } \square$
  $\square : \square = \square$
  $\square : \square = \square \text{ R } \square$

b) $61 : 4 = \square \text{ R } \square$
  $\square : \square = \square$
  $\square : \square = \square \text{ R } \square$

c) $47 : 3 = \square \text{ R } \square$
  $\square : \square = \square$
  $\square : \square = \square \text{ R } \square$

d) $75 : 6 = \square \text{ R } \square$
  $\square : \square = \square$
  $\square : \square = \square \text{ R } \square$

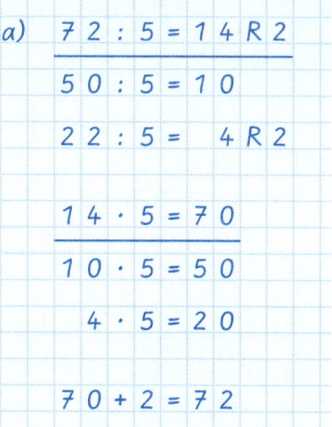

Seite 42 Aufgabe 1

a) $72 : 5 = 14 \text{ R } 2$
  $50 : 5 = 10$
  $22 : 5 = 4 \text{ R } 2$

  $14 \cdot 5 = 70$
  $10 \cdot 5 = 50$
  $4 \cdot 5 = 20$

  $70 + 2 = 72$

b) ...

2 Löse die Aufgaben.
Kontrolliere mit der Umkehraufgabe.

a) $165 : 7 = \square \text{ R } \square$
  $\square : \square = \square$
  $\square : \square = \square \text{ R } \square$

b) $180 : 8 = \square \text{ R } \square$
  $\square : \square = \square$
  $\square : \square = \square \text{ R } \square$

c) $250 : 3 = \square \text{ R } \square$
  $\square : \square = \square$
  $\square : \square = \square \text{ R } \square$

d) $183 : 4 = \square \text{ R } \square$
  $\square : \square = \square$
  $\square : \square = \square \text{ R } \square$

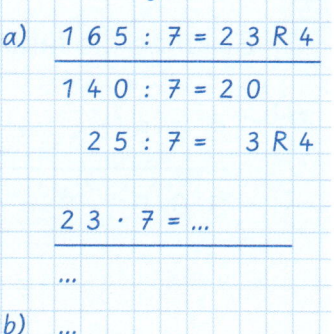

Seite 42 Aufgabe 2

a) $165 : 7 = 23 \text{ R } 4$
  $140 : 7 = 20$
  $25 : 7 = 3 \text{ R } 4$

  $23 \cdot 7 = ...$
  ...

b) ...

3 Löse die Aufgaben.
Kontrolliere mit der Umkehraufgabe.

a) $400 : 6 = \square$

b) $357 : 5 = \square$

Seite 42 Aufgabe 3

a) ...

⭐ Divisionsaufgaben mit Rest mithilfe des Zehnereinmaleins und des kleinen Einmaleins schrittweise lösen und mithilfe der Umkehraufgabe kontrollieren

1 Bestimme die Aufgabe, die zu den Teilaufgaben gehört.
Berechne die Ergebnisse.

a) ☐ : ☐ = ☐ R ☐
60 : 6 = ☐
34 : 6 = ☐ R ☐

b) ☐ : ☐ = ☐ R ☐
640 : 8 = ☐
35 : 8 = ☐ R ☐

c) ☐ : ☐ = ☐ R ☐
70 : 7 = ☐
24 : 7 = ☐ R ☐

d) ☐ : ☐ = ☐ R ☐
360 : 6 = ☐
32 : 6 = ☐ R ☐

Seite 43 Aufgabe 1

a) ...

2 Ergänze die fehlenden Zahlen in deinem Heft.

a)
7 5 : 4 =	☐	R ☐
☐ : 4 = 1 0		
☐ : 4 = 8 R 3		

b)
☐ : 6 =	☐	R ☐
☐ : 6 = 9 0		
1 9 : 6 = ☐ R ☐		

Seite 43 Aufgabe 2

a) ...

c)
☐ : ☐ =	☐	R ☐
☐ : 3 = 2 0		
1 7 : 3 = ☐ R ☐		

d)
☐ : 5 = 5 5 R ☐
☐ : 5 = ☐
2 7 : 5 = ☐ R ☐

3 Löse die Zahlenrätsel.
Finde eine passende Rechnung (R)
und schreibe einen Antwortsatz (A).

Wenn du meine Zahl durch 3 dividierst, erhältst du als Quotienten 15 Rest 2.

Wenn du meine Zahl durch 8 dividierst, erhältst du als Quotienten 45 Rest 6.

Seite 43 Aufgabe 3

Maja

R: ...

A: Majas Zahl ist ...

Ole

⋮

★ zu vorgegebenen Rechenschritten die passende Divisionsaufgabe mit Rest finden
★ bei Divisionsaufgaben mit Rest fehlende Zahlen ergänzen
★ zu Zahlenrätseln passende Divisionsaufgaben mit Rest finden

1   Löse die Aufgaben in Schritten.

a)   5 · 32 = ☐
  ☐ · ☐ = ☐
  ☐ · ☐ = ☐

b)   4 · 36 = ☐
  ☐ · ☐ = ☐
  ☐ · ☐ = ☐

c)   81 : 3 = ☐
  ☐ : ☐ = ☐
  ☐ : ☐ = ☐

c)   72 : 4 = ☐
  ☐ : ☐ = ☐
  ☐ : ☐ = ☐

Seite 44 Aufgabe 1
a)   5 · 32 = ...
    ...
b)   ...

2   Löse erst die Divisionsaufgabe in deinem Heft.
Suche und löse dann die passende Umkehraufgabe.

A   42 : 3 = ☐
  ☐ : ☐ = ☐
  ☐ : ☐ = ☐

B   96 : 6 = ☐
  ☐ : ☐ = ☐
  ☐ : ☐ = ☐

C   78 : 6 = ☐
  ☐ : ☐ = ☐
  ☐ : ☐ = ☐

D   75 : 3 = ☐
  ☐ : ☐ = ☐
  ☐ : ☐ = ☐

E   96 : 4 = ☐
  ☐ : ☐ = ☐
  ☐ : ☐ = ☐

F   84 : 3 = ☐
  ☐ : ☐ = ☐
  ☐ : ☐ = ☐

Seite 44 Aufgabe 2
A   42 : 3 = 14
    30 : 3 = 10
    12 : 3 =   4
2   14 · 3 = 42
    10 · 3 = 30
     4 · 3 = 12
B   ...

1   16 · 6 = ☐
  ☐ · ☐ = ☐
  ☐ · ☐ = ☐

2   14 · 3 = ☐
  ☐ · ☐ = ☐
  ☐ · ☐ = ☐

3   13 · 6 = ☐
  ☐ · ☐ = ☐
  ☐ · ☐ = ☐

4   24 · 4 = ☐
  ☐ · ☐ = ☐
  ☐ · ☐ = ☐

5   28 · 3 = ☐
  ☐ · ☐ = ☐
  ☐ · ☐ = ☐

6   25 · 3 = ☐
  ☐ · ☐ = ☐
  ☐ · ☐ = ☐

★ zweistellige Zahlen schrittweise multiplizieren und die eigenen Rechenschritte notieren
★ Divisionsaufgaben mithilfe des Zehnereinmaleins und des kleinen Einmaleins schrittweise
lösen ★ Divisionsaufgaben die jeweils passende Umkehraufgabe zuordnen und lösen

3 · 15 < 50   Bei **Ungleichungen** ist eine Seite
3 · 15 > 35   **kleiner** oder **größer** als die andere.
Man verwendet die Zeichen < oder > .

3 · 15 = 45   Bei **Gleichungen** sind beide Seiten **gleich**.
Man verwendet das Zeichen = .

1 Löse die Aufgaben.
Setze die Zeichen <, > oder = passend ein.

a) 4 · 12 ● 42   b) 63 : 3 ● 21
   6 · 21 ● 130   96 : 8 ● 9
   4 · 120 ● 450   360 : 6 ● 80

Seite 45 Aufgabe 1

a)   4 · 1 2 > 4 2
        ⋮
b)   ...

2 Löse die Aufgaben. Setze passende Zahlen ein.

a) 9 · 12 > ▢   b) 56 : 4 < ▢
   7 · 13 < ▢   98 : 7 > ▢
   3 · 13 = ▢   720 : 8 = ▢

Seite 45 Aufgabe 2

a)   ...

3 Setze passende Zahlen ein.

a) 3 · ▢ = 45   b) 65 : ▢ = 13
   ▢ · 21 < 65   ▢ : 4 > 60
   5 · ▢ > 100   210 : ▢ < 4

Seite 45 Aufgabe 3

a)   ...

4 Löse die Aufgaben.
Setze die Zeichen <, > oder = passend ein.

a) 3 · 15 ● 4 · 13   b) 36 : 4 ● 36 : 9
   3 · 85 ● 7 · 30   75 : 5 ● 180 : 9
   5 · 62 ● 3 · 130   240 : 3 ● 320 : 4

Seite 45 Aufgabe 4

a)   ...

5 Setze passende Zahlen ein.

a) 4 · 80 = ▢ · 40   b) 240 : 4 = ▢ : 8
   3 · 40 = ▢ · 20   160 : 2 = ▢ : 4

Seite 45 Aufgabe 5

a)   ...

★ **SF:** die Definition von „Gleichung" und „Ungleichung" kennenlernen
★ in Gleichungen und Ungleichungen <, >, = oder passende Zahlen ergänzen

45

Ich benutze den Taschenrechner auf meinem Handy.

On	„On": schaltet den Taschenrechner ein
OFF	„Off": schaltet den Taschenrechner aus
C	„Clear": löscht die Rechnung
CE	„Clear entry": löscht die letzte Eingabe
×	multipliziert die angezeigte Zahl
÷	dividiert die angezeigte Zahl
+	addiert zur angezeigten Zahl
−	subtrahiert von der angezeigten Zahl
=	zeigt das Ergebnis an
.	setzt ein Komma

Die übrigen Tasten benötigst du erst in den folgenden Schuljahren.

1 Vergleiche die Tasten eines Taschenrechners mit den Tasten eines Handytaschenrechners.

2 Nutze die Tastatur für Versuche.

a) Tippe zunächst verschiedene Zahlen ein.
Lösche sie immer wieder mit der Taste **C**.

b) Wie viele Ziffern kann dein Taschenrechner höchstens anzeigen?
Was geschieht, wen du noch mehr Zifferntasten drückst?

c) Löse mit deinem Taschenrechner diese einfachen Aufgaben:

Aufgabe	Tastenfolge
4 + 3 = ☐	4 + 3 =
17 − 8 = ☐	1 7 − 8 =
5 · 6 = ☐	5 × 6 =
15 : 3 = ☐	1 5 ÷ 3 =
1,5 + 0,5 = ☐	1 . 5 + 0 . 5 =

3 Nutzt unterschiedliche Taschenrechner. Eingabe und Anzeige sind nicht immer gleich.
Gebt jeweils die Tastenfolge ein und schreibt die Anzeige auf.
Besprecht, was euch auffällt.

a) 7 + 3 =

b) 2 0 × 3 0 =

c) 9 − 5 =

d) 3 6 ÷ 1 2 =

Seite 46 Aufgabe 3
a) ...

★ **MK:** die Funktion der Tasten beim Taschenrechner kennenlernen ★ **MK:** einfache Aufgaben mit dem Taschenrechner lösen ★ **MK:** verschiedene Taschenrechner vergleichen, ggf. von der Eingabe abweichende Anzeigen auf dem Taschenrechner erkennen

1 Löst die Aufgaben im Kopf, schriftlich oder mit dem Taschenrechner.
Begründet jeweils eure Wahl.

120 + 340 rechne ich schnell im Kopf.

a) 120 + 340
   250 + 324
   395 + 280

b) 5 · 7
   3 · 50
   4 · 43

c) 860 − 240
   925 − 180
   799 − 210

d) 36 : 4
   400 : 5
   216 : 3

2 Löse die Aufgaben im Kopf oder schriftlich.
Kontrolliere deine Ergebnisse mit dem Taschenrechner.

a) 438 + 7 = ▧
   783 + 54 = ▧
   567 + 170 = ▧

b) 6 · 43 = ▧
   2 · 84 = ▧
   4 · 48 = ▧

c) 532 − 5 = ▧
   306 − 54 = ▧
   623 − 280 = ▧

d) 63 : 3 = ▧
   56 : 4 = ▧
   135 : 5 = ▧

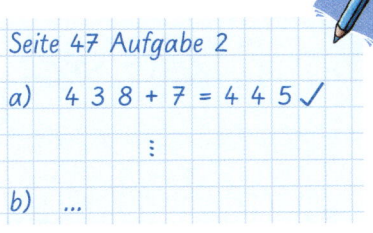

Seite 47 Aufgabe 2
a) 4 3 8 + 7 = 4 4 5 ✓
       ⋮
b) ...

€ wird nicht eingetippt.

3 Überschlage zuerst.
Löse die Aufgaben dann mit dem Taschenrechner.

a) Ü: ▧

   3,48 € + 2,53 € = ▧

b) Ü: ▧

   2,45 € · 5 = ▧

Seite 47 Aufgabe 3
a) Ü: 3,5 0 € + ...
    3,4 8 € + 2,5 3 € = ...
b) ...

4 Rechne im Kopf oder schriftlich und
anschließend mit dem Taschenrechner.
Überprüfe, ob dein Taschenrechner die
Punkt-vor-Strich-Regel beachtet.

a) 460 − 70 : 10 = ▧
   4 · 30 + 8 · 40 = ▧
   150 : 30 + 520 = ▧

b) 3 · 250 − 500 = ▧
   4 · 150 − 3 · 20 = ▧
   500 : 50 + 200 : 40 = ▧

Seite 47 Aufgabe 4
a) ...

★ im Kopf, schriftlich oder mit Taschenrechner rechnen, Weg wählen, Wahl begründen
★ Aufgaben lösen, mit dem Taschenrechner kontrollieren ★ mit dem Taschenrechner mit
Kommazahlen rechnen ★ **MK:** prüfen, ob Taschenrechner Punkt-vor-Strich-Regel beachten

D 59

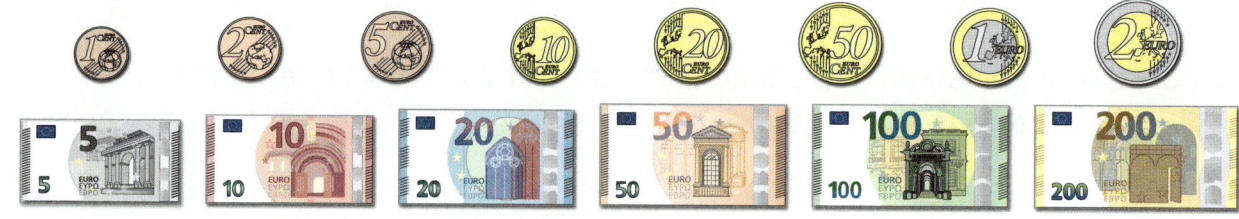

1 Bestimme die Geldbeträge.

a)

b)

Seite 48 Aufgabe 1
a)   5 5 0 €
b)   ...

c)
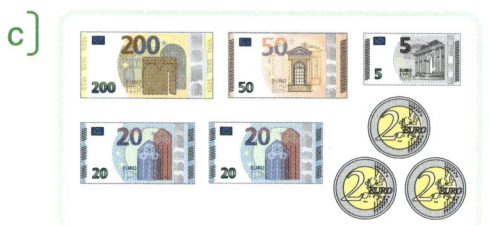

d)

e)

f)

2 Finde passende Scheine und Münzen.

a)
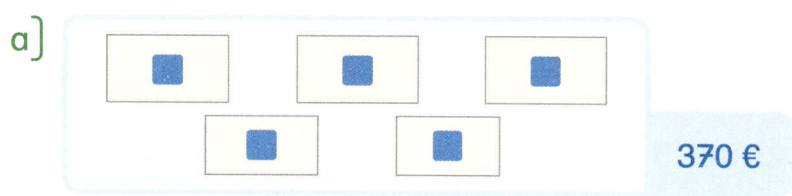
370 €

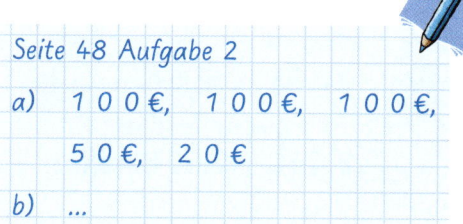
Seite 48 Aufgabe 2
a)   1 0 0 €,   1 0 0 €,   1 0 0 €,
     5 0 €,   2 0 €
b)   ...

b)

662 €

c)
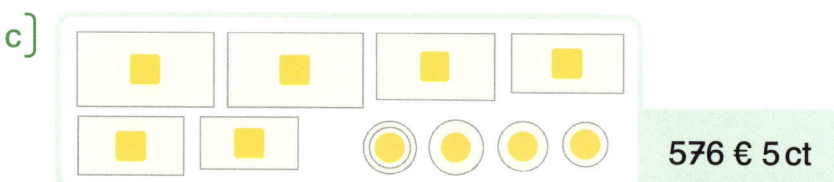
576 € 5 ct

€
B

★ alle Geldscheine und Münzen bis 1000 Euro kennenlernen
★ mit Münzen und Scheinen dargestellte Geldbeträge bis 1000 Euro bestimmen
★ Geldbeträge nach Vorgabe zusammenstellen und zeichnen

3 Lege gemeinsam mit einem anderen Kind unterschiedliche Geldbeträge.
Findet jeweils den größten und den kleinsten Betrag, den ihr legen könnt, mit ...

a) ... zwei Scheinen.

b) ... drei Scheinen.

c) ... vier Scheinen.

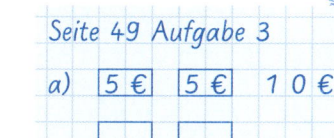

Seite 49 Aufgabe 3

a) [5 €] [5 €] 1 0 €
[...] [...] ...

b) ...

4 Lege die einzelnen Beträge einmal mit drei, einmal mit vier
und einmal mit fünf Scheinen. Zeichne, wie du gelegt hast.

Seite 49 Aufgabe 4

a) [2 0 0 €] [...] [...]
⋮

b) ...

a)

500 €

b)

350 €

5 Stelle die Geldbeträge jeweils auf drei verschiedene Arten
zusammen. Du kannst zuerst mit Rechengeld legen.

a) 243 €

b) 175 €

c) 126 € 15 ct

Seite 49 Aufgabe 5

a) [2 0 0 €] ...
⋮

b) ...

6 Betrachte Kataloge und Prospekte.
Schreibe auf, was du kaufen könntest ...

a) ... mit 1 000 €.

b) ... mit 500 €.

c) ... mit 200 €.

Seite 49 Aufgabe 6

a) mit 1000 €: ...

b) ...

★ Geldbeträge auf unterschiedliche Weise zusammenstellen
★ Geldbeträge nach Vorgabe zusammenstellen
★ für verschiedene Geldwerte passende Repräsentanten finden

AH 60   B   49

8 € 35 ct
8,35 €
835 ct

acht Euro fünfunddreißig

Das Komma trennt Euro und Cent.

---

1 Notiere die Geldbeträge auf drei Arten.

	€	10 ct	1 ct
a)	7	0	5
b)	6	1	5
c)	0	9	5

Seite 50 Aufgabe 1
a) 7 € 5 ct = 7, 0 5 € = 7 0 5 ct
b) ...

2 Wandle die Centbeträge (ct) in Euro (€) um.
Schreibe mit Kommazahlen.

a) 408 ct b) 5 ct c) 395 ct
d) 59 ct e) 725 ct f) 670 ct

Seite 50 Aufgabe 2
a) 4, 0 8 € b) ...

3 Schreibe die Geldbeträge mit Kommazahlen.

a) 82 € 50 ct b) 6 € 8 ct c) 17 € 83 ct
d) 105 € 20 ct e) 5 € 10 ct f) 79 ct

Seite 50 Aufgabe 3
a) 82, 5 0 € b) ...

4 Wandle die Eurobeträge (€) in Cent (ct) um.

a) 8,20 € b) 4,15 € c) 0,89 €
d) 0,25 € e) 0,02 € f) 9,75 €

Seite 50 Aufgabe 4
a) 8 2 0 ct b) ...

5 Übertrage die Tabelle in dein Heft.
Wandle um und ergänze.

712 ct	🟨	🟨	8 ct	🟨
🟦	9 € 85 ct	🟨	🟨	4 € 5 ct
🟦	🟨	0,70 €	🟨	🟨

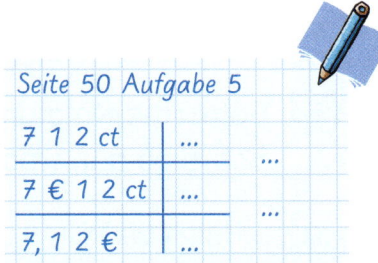

Seite 50 Aufgabe 5
7 1 2 ct ...
_____ ...
7 € 1 2 ct ...
...
7, 1 2 € ...

★ unterschiedliche Notationsformen für Geldbeträge kennenlernen
★ die Kommaschreibweise bei der Notation von Geldbeträgen in Euro und Cent kennenlernen
★ Geldbeträge auf unterschiedliche Weise notieren

1   Vergleiche die Geldbeträge.
Setze die Zeichen <, > oder = passend ein.

a)   93,15€ ● 39,51€

    549ct ● 5,94€

    3€ 72ct ● 372ct

b)   349,23€ ● 394,32€

    504ct ● 5,04€

    1000ct ● 10€

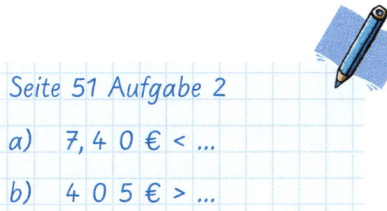

Seite 51 Aufgabe 1

a)   9 3,1 5 € > 3 9,5 1 €

b)   ...

2   Ordne die Geldbeträge.
Schreibe die Beträge in Kommaschreibweise
der Größe nach geordnet auf.

a)   Beginne mit dem kleinsten Betrag.

461,15€   15,42€

107 € 60ct   867ct

7,40€

Seite 51 Aufgabe 2

a)   7, 4 0 € < ...

b)   4 0 5 € > ...

b)   Beginne mit dem größten Betrag.

205 ct   3 € 80ct

3,08€   405€

35,75€

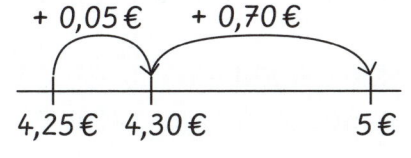

+ 0,05 €   + 0,70 €

4,25 €   4,30 €   5 €

3   Ergänze zum nächsten
vollen Euro-Betrag.

a)   4,25€ + ▮ = 5€

    0,15€ + ▮ = 1€

    2,05€ + ▮ = 3€

b)   9,99€ + ▮ = ▮

    3,10€ + ▮ = ▮

    0,01€ + ▮ = ▮

c)   1,10€ − ▮ = 1€

    3,05€ − ▮ = 3€

    10,85€ − ▮ = 10€

d)   2,99€ − ▮ = ▮

    4,01€ − ▮ = ▮

    6,47€ − ▮ = ▮

Seite 51 Aufgabe 3

a)   0,7 5 €   b)   ...

★ Geldbeträge in verschiedenen Notationsformen vergleichen und ordnen
★ Geldbeträge in Kommaschreibweise bis zum nächsten vollen Euro ergänzen
(Addition und Subtraktion)

1 Betrachte die Rechenwege der Kinder. Wie rechnest du?
Besprich deine Überlegungen mit einem anderen Kind.

2 Löse die Aufgaben.
Addiere schriftlich oder in Schritten.

a) 4,25 € + 2,10 €

    7,35 € + 5,55 €

   16,29 € + 0,58 €

b) 3,65 € + 5,80 €

    9,75 € + 4,45 €

  34,79 € + 14,52 €

Seite 52 Aufgabe 2

a) ...

3 Berechne den Gesamtpreis.
Addiere schriftlich oder in Schritten.

a) Maja kauft eine Luftmatratze für 14,80 € und eine Taucherbrille für 12,30 €.

b) Ole kauft Inliner für 52,50 € und einen Helm für 38,90 €.

Seite 52 Aufgabe 3

a) ...

c) Patrick kauft ein Rätselbuch für 18,90 € und ein Kinderlexikon für 32,50 €.

d) Sofie kauft einen Basketballkorb für 68,90 € und einen Basketball für 13,50 €.

★ beim Addieren von Geldbeträgen in Kommaschreibweise verschiedene Vorgehensweisen nachvollziehen, den eigenen Rechenweg wählen, **SF:** Auswahl begründen ★ Geldbeträge in Kommaschreibweise addieren ★ Rechenwege in Sachsituationen anwenden

Ich rechne in Schritten.

7,85€ − 3,50€ = ☐

Komma steht immer unter Komma.

Ich rechne schriftlich.

−0,50€   − 3€

4,35€   4,85€   7,85€

7,85€ − 3,50€ = 4,35€
7,85€ − 3 € = 4,85€
4,85€ − 0,50€ = 4,35€

7,85€
− 3,50€
_____
4,35€

1 Betrachte die Rechenwege der Kinder. Wie rechnest du?
Besprich deine Überlegungen mit einem anderen Kind.

2 Löse die Aufgaben.
Subtrahiere schriftlich oder in Schritten.

a) 8,95€ − 5,40€
14,65€ − 6,25€
27,32€ − 12,09€

b) 20,00€ − 3,20€
37,50€ − 6,90€
45,20€ − 12,85€

Seite 53 Aufgabe 2
a) ...

3 Berechne, wie viel Geld die Kinder übrig haben.
Subtrahiere schriftlich oder in Schritten.

a) Tobi hat 30€.
Er kauft ein Wurfspiel
für 24,50€.

b) Lisa hat 90€.
Sie kauft sich
einen Alu-Scooter
für 74,90€.

Seite 53 Aufgabe 3
a) ...

c) Mai-Lin hat 40€. Sie
kauft sich eine große
Wasserspritzpistole für
18,90€.

d) Paul hat 20€. Er kauft
sich einen Flugdrachen
für 13,80€.

★ beim Subtrahieren von Geldbeträgen in Kommaschreibweise verschiedene Vorgehensweisen
nachvollziehen, den eigenen Rechenweg wählen, SF: Auswahl begründen ★ Geldbeträge in
Kommaschreibweise subtrahieren ★ Rechenwege in Sachsituationen anwenden

ÜH 60   53

$3 \cdot 2{,}30\,€ = $ ☐

Ich rechne in Euro.

$3 \cdot 2{,}30\,€ = 6{,}90\,€$
$3 \cdot 2\quad € = 6\quad €$
$3 \cdot 0{,}30\,€ = 0{,}90\,€$

Ich rechne in Cent um.

$3 \cdot 2{,}30\,€ = 6{,}90\,€$
$3 \cdot 200\,ct = 600\,ct$
$3 \cdot \quad 30\,ct = \quad 90\,ct$

1 Betrachte die Rechenwege der Kinder.
Wie rechnest du?
Besprich deine Überlegungen mit einem anderen Kind.

2 Löse die Aufgaben.
Notiere deine Rechenschritte.

a) $2 \cdot 0{,}40\,€$
  $5 \cdot 4{,}10\,€$
  $4 \cdot 3{,}20\,€$

b) $3 \cdot 2{,}50\,€$
  $2 \cdot 8{,}70\,€$
  $6 \cdot 5{,}40\,€$

Seite 54 Aufgabe 2

a) ...

3 Berechne die Preise
für folgende Einkäufe
am Blumenstand.
Notiere deine Rechenschritte.

Hyazinthen Topf 1,20 €
Krokusse Topf 1,60 €
Tulpen Stück 0,40 €
Narzissen Stück 0,30 €

Seite 54 Aufgabe 3

a) ...

a)

b)

c)

d)

★ beim Multiplizieren von Geldbeträgen in Kommaschreibweise verschiedene Vorgehensweisen nachvollziehen, den eigenen Rechenweg wählen, **SF:** Auswahl begründen ★ Geldbeträge in Kommaschreibweise multiplizieren ★ Rechenwege in Sachsituation anwenden

Ich rechne in Cent um.

4,25 € : 5 = ▢

3,60 € : 3 = ▢

Manchmal sehe ich sofort, dass ich den Eurobetrag gut teilen kann. Dann rechne ich in Euro.

4,25 € : 5 = 0,85 €

400 ct : 5 = 80 ct

25 ct : 5 = 5 ct

3,60 € : 3 = 1,20 €

3 € : 3 = 1 €

0,60 € : 3 = 0,20 €

1 Betrachte die Rechenwege der Kinder.
Überlege, wann welcher Weg günstiger ist.
Besprich deine Überlegungen mit einem anderen Kind.

2 Löse die Aufgaben.
Notiere deine Rechenschritte.

a) 3,50 € : 5
2,25 € : 3
4,80 € : 4

b) 9,30 € : 3
5,10 € : 6
3,92 € : 8

Seite 55 Aufgabe 2

a) ...

3 Berechne jeweils die Einzelpreise.
Notiere deine Rechenschritte.

Seite 55 Aufgabe 3

Brezel: ...

Sternen-Bäckerei

∿ ANGEBOTE ∿

5 Brezeln   4,00 €
4 Laugenstangen 2,80 €
3 Croissants   3,15 €
2 Rosinenbrötchen 1,80 €
6 Vierkornbrötchen 3,60 €
5 Roggenbrötchen 2,65 €

★ beim Dividieren von Geldbeträgen in Kommaschreibweise verschiedene Vorgehensweisen nachvollziehen, jeweils geeigneten Rechenweg wählen, SF: Auswahl begründen
★ Geldbeträge in Kommaschreibweise dividieren ★ Rechenwege in Sachsituation anwenden

D 63   ÜH 61, 62   AH 62   55

1 Finde zu jeder Rechengeschichte (G) eine Rechnung (R) und die Antwort (A).

a)
G: Janek kauft drei Päckchen mit Sammelkarten. Jedes Päckchen kostet 3,20 Euro.
F: Wie viel muss er bezahlen?

Seite 56 Aufgabe 1
a) R: ...
*   A: ...*
b) ...

b)
G: Lisa kauft ein Buch für 7,50 Euro und Briefpapier für 3,40 Euro.
F: Wie viel muss sie bezahlen?

c)
G: Lena hat 12 Euro. Sie möchte eine Jacke für 29,90 Euro kaufen.
F: Wie viel muss sie noch sparen?

d)
G: Ole kauft für 12,90 Euro einen Fußball. Er bezahlt mit einem 20-Euro-Schein.
F: Wie viel bekommt er zurück?

e)
G: Sofie kauft einen CD-Player im Sonderangebot für 35 Euro. Der bisherige Preis war 68,90 Euro.
F: Wie viel hat sie gespart?

2
G: Tim will bei seinem Kindergeburtstag basteln. Er kauft Pinsel für 3,20 Euro, bunte Pappe für 5,10 Euro und Klebestifte für 4,60 Euro. Seine Oma gibt ihm für den Einkauf 15 Euro.

a) Schreibe alle Fragen (F) auf, die du beantworten kannst.

b) Finde dann zu jeder Frage (F) aus a eine passende Rechnung (R) und Antwort (A).

Seite 56 Aufgabe 2
a) F1, ...
b) R1: ...
*   A1: ...*
*   ⋮*

F1: Wie viel muss Tim bezahlen?

F2: Reicht das Geld von seiner Oma?

F3: Wie viele Pinsel kauft Tim?

F4: Was kauft Tim ein?

F5: Wann hat Tim Geburtstag?

F6: Wie viel bekommt Tim zurück?

F7: Wen hat Tim eingeladen?

F8: Was bastelt Tim?

F9: Kann Tim von dem Geld noch zwei Filzstifte für je 1,20 Euro kaufen?

★ zu Rechengeschichten passende Rechnungen finden und lösen
★ zu einer vorgegebenen Rechengeschichte passende Fragen auswählen, Rechnungen und Antworten finden

1 Setze die Kärtchen jeweils zu einer Rechengeschichte zusammen. Schreibe die Buchstaben in der richtigen Reihenfolge auf. Ergänze die Rechnung (R) und den Antwortsatz (A).

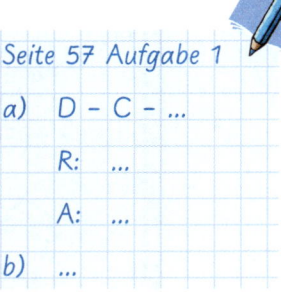

Seite 57 Aufgabe 1

a) D – C – ...

    R: ...

    A: ...

b) ...

a)

A Max erhält 1,80 Euro zurück.

B Was kostet der Füller?

C Er bezahlt mit einem 20-Euro-Schein.

D Max kauft einen Füller.

b)

A Er bezahlt mit zwei Scheinen.

B Er erhält 5,15 Euro zurück.

C Wie hat er bezahlt?

D Sie kosten 14,85 Euro.

E Patrick kauft Bildkarten.

c)

A Sie muss noch 39,40 Euro sparen.

B Es kostet 219,90 Euro.

C Wie viel Geld hat sie schon?

D Mai-Lin möchte ein Fahrrad kaufen.

2

	Kaufpreis	bezahlt	bekommt zurück
Milo May	89,70 €	100 €	▢
Aylin Deniz	▢	200 €	24,20 €
Bo Beyer	36,50 €	▢	13,50 €

Schreibe zu jeder Zeile der Tabelle eine Rechengeschichte (G). Dabei kannst du folgende Fragen (F) verwenden:

- F: Wie viel Geld bekommt die Person zurück?
- F: Mit welchem Geldschein bezahlt die Person?
- F: Wie hoch ist der Kaufpreis?

Schreibe die passende Rechnung (R) und Antwort (A) auf.
Prüfe zum Schluss, ob Frage, Rechnung und Antwort zusammenpassen.

Seite 57 Aufgabe 2

G: ...

F: ...

R: ...

A: ...

3 G: Ole bekommt eine Hose, seine Schwester Mia eine Jacke. Mias Jacke kostet 30 Euro mehr als Oles Hose. Die Mutter gibt insgesamt 120 Euro aus.

   F: Wie viel kostet Mias Jacke? Wie teuer ist Oles Hose?

Schreibe die Rechnungen (R) und Antworten (A) auf.

Seite 57 Aufgabe 3

R: ...

A: ...

★ **SF:** Teile einer Rechengeschichte folgerichtig zusammensetzen, Rechnungen und Antworten ergänzen ★ zu in einer Tabelle dargestellten Informationen Rechengeschichten finden und lösen ★ zu einer komplexen Rechengeschichte Rechnungen und Antworten finden

57

Wie viele Möglichkeiten gibt es?

Ich erstelle **Baumdiagramme.**

1 Aus den Karten kannst du lustige Clowns zusammenstellen.

a Übertrage die Baumdiagramme,
die Einstern begonnen hat, in dein Heft und setze sie fort.
Benutze dabei statt der Bilder die Zahlen
und Buchstaben auf den Karten.

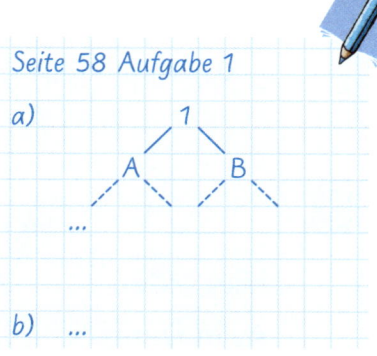

Seite 58 Aufgabe 1
a)

b Lies die Anzahl der Möglichkeiten an den
Diagrammen ab. Notiere sie in deinem Heft.

b) ...

c Entscheide, welche Rechnung die Anzahl
der Möglichkeiten darstellt. Schreibe sie auf.
Besprich deine Entscheidung mit einem anderen Kind.

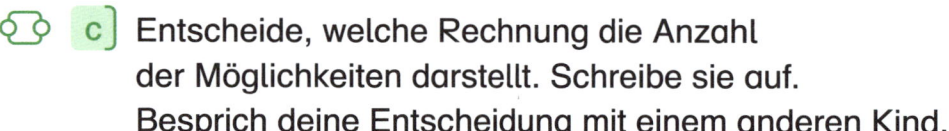

$2 \cdot 2 + 2$ $2 \cdot 2 \cdot 2$ $2 + 2 \cdot 2$ $2 + 2 + 2$

2 Es gibt für die Clowns eine Tröte und Jonglierbälle.
Jetzt gibt es noch mehr Möglichkeiten,
lustige Clowns zusammenzustellen.

a Überlege, wie viele Möglichkeiten es jetzt gibt.
Notiere die Anzahl der Möglichkeiten.

Seite 58 Aufgabe 2
a)   Es gibt ... Möglichkeiten.

b Überlege, wie sich die Rechnung verändert.
Notiere die Rechnung, die jetzt passt.

b) ...

c Ergänze deine Baumdiagramme aus Aufgabe **1 a**.
Überprüfe deine Überlegungen aus den Aufgaben **2 a** und **b**.

 AH 63   ÜH 63

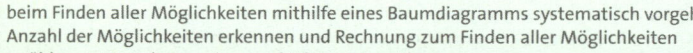

★ beim Finden aller Möglichkeiten mithilfe eines Baumdiagramms systematisch vorgehen
★ Anzahl der Möglichkeiten erkennen und Rechnung zum Finden aller Möglichkeiten
auswählen ★ Vorgehensweisen und Erkenntnisse übertragen

1 Es gibt verschiedenfarbiges Geschirr:

Teller: rot und blau   Untertassen: gelb und grün   Tassen: lila und orange

a) Wähle das passende Baumdiagramm aus und bestimme
die Anzahl der Möglichkeiten.

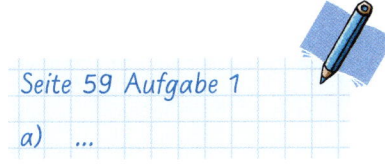

Seite 59 Aufgabe 1

a) ...

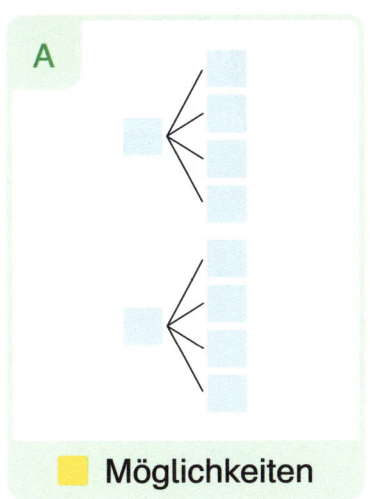

A   ▢ Möglichkeiten

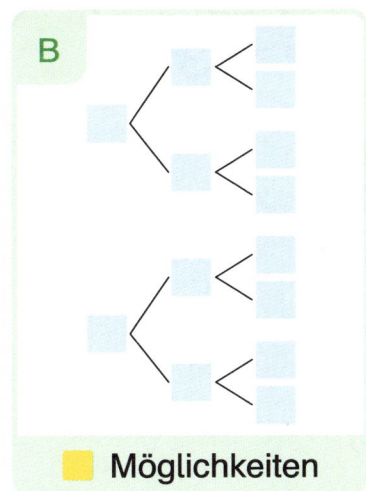

B   ▢ Möglichkeiten

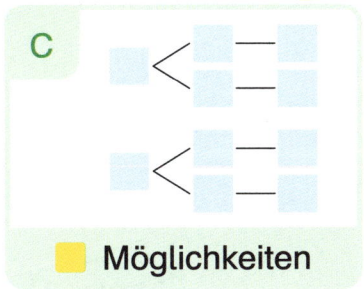

C   ▢ Möglichkeiten

b) Zeichne alle Möglichkeiten in dein Heft.

2 In der Schule wird ein kleines Fußballturnier veranstaltet.
Vier Gruppen nehmen teil: A, B, C und D.
Alle sollen jeweils nur einmal gegeneinander spielen.

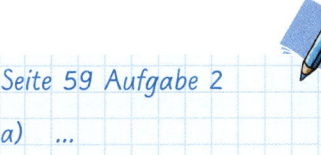

Seite 59 Aufgabe 2

a) ...

a) Wähle die passende Skizze aus und bestimme die Anzahl der Spiele.

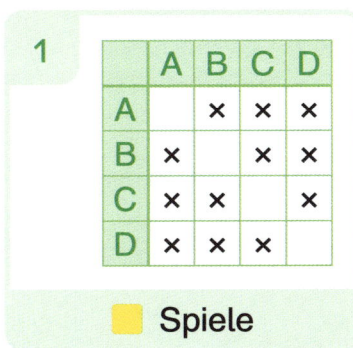

1   ▢ Spiele

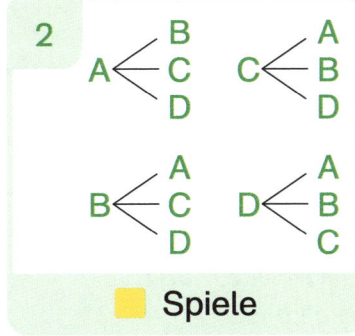

2   ▢ Spiele

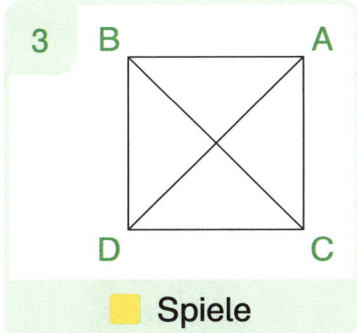

3   ▢ Spiele

b) Suche dir ein anderes Kind. Erkläre den „Fehler" in zwei der drei Skizzen.

★ geeignetes Baumdiagramm zum Lösen einer kombinatorischen Aufgabenstellung auswählen
★ kombinatorische Aufgabenstellung zeichnerisch lösen ★ passende Darstellungsform zum
Lösen einer kombinatorischen Fragestellung wählen, **SF:** Passung begründen

1 Paul nimmt mit verbundenen Augen vier Murmeln aus dem Glas.
Entscheide, ob die Aussage sicher, möglich oder unmöglich ist.

a) Alle vier Murmeln sind gelb.

b) Drei Murmeln sind rot und eine ist blau.

c) Alle vier Murmeln sind rot.

d) Zwei Murmeln sind rot und zwei sind gelb.

e) Mindestens eine Murmel ist gelb.

Seite 60 Aufgabe 1

a) ...

2 Jetzt nimmt Paul sechs Murmeln
aus diesem Glas.
Finde selbst eine Aussage, die …

a) … sicher ist.

b) … möglich ist.

c) … unmöglich ist.

Seite 60 Aufgabe 2

a) ...

3 Zeichne ein Glas mit Murmeln, das zu der Aussage passt.

Paul nimmt 3 Murmeln
aus dem Glas. Es ist sicher,
dass eine Murmel rot und
eine gelb ist.

Seite 60 Aufgabe 3

...

★ die Wahrscheinlichkeit von Handlungsergebnissen bewerten
★ SF: zum vorhergesagten Handlungsergebnis passende Aussagen formulieren
★ eine zum vorhergesagten Handlungsergebnis passende Ausgangssituation zeichnen

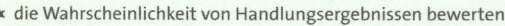

6 Die Ergebnisse verschiedener Glücksräder einschätzen

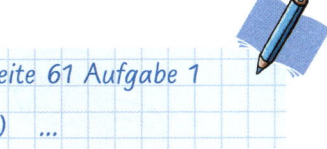

Ein Glücksrad hat verschiedene Felder.
Es wird gedreht und bleibt irgendwann stehen.
Eine Markierung zeigt dann auf ein Feld.

---

1 Ergänze die Aussagen.
Verwende die Begriffe sicher, möglich und unmöglich.

Seite 61 Aufgabe 1

a) ...

a)

Dass Rot gewinnt,
ist ☐.
Dass Blau gewinnt,
ist ☐.

b)

Dass Rot gewinnt,
ist ☐.
Dass Blau gewinnt,
ist ☐.

c)

Dass Rot gewinnt,
ist ☐.
Dass Blau gewinnt,
ist ☐.

2 Ordne zu.

  A Die Chance, dass Rot gewinnt, ist größer als die Chance, dass Blau gewinnt.

Seite 61 Aufgabe 2

A – ...

  B Die Chance, dass Rot gewinnt, ist kleiner als die Chance, dass Blau gewinnt.

  C Die Chance, dass Rot gewinnt, ist genauso groß wie die Chance, dass Blau gewinnt.

1
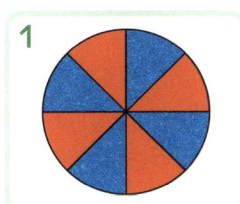

2
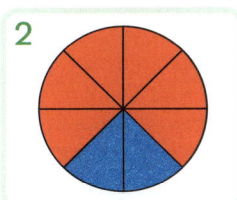

3
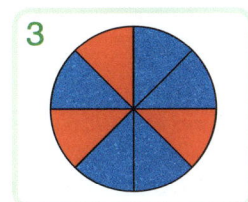

3 Zeichne ein Glücksrad, bei dem …

Seite 61 Aufgabe 3

a) ...

a … Rot eine große Chance hat, zu gewinnen.

b … Rot und Blau etwa gleiche Gewinnchancen haben.

★ die Funktionsweise eines Glücksrads kennenlernen ★ bei unterschiedlich eingefärbten Glücksrädern die Wahrscheinlichkeit der Gewinnchancen einschätzen ★ vorgegebenen Gewinnchancen passende Glücksräder zuordnen und zeichnen

AH 64   **61**

1 Suche dir ein anderes Kind.
Würfelt mindestens 50-mal mit zwei Würfeln.
Bildet jeweils die Summe der gewürfelten Zahlen.
Notiert eure Ergebnisse in Form einer Strichliste.

Summe der Augenzahlen	Anzahl der Würfe
🟨	🟨
🟨	🟨
⋮	⋮

2 + 3 = 5

2 Ermittle, welche Summen
beim Würfeln mit
zwei Würfeln
entstehen können.

Zeichne die Tabelle
in dein Heft.
Trage dann die Summen ein.

Seite 62 Aufgabe 2

+	⚀	⚁	⚂	...
⚀	2	3	4	...
⚁	3	4	...	...
...	...	...	...	...

3 Stelle die Ergebnisse aus Aufgabe **2** in einem Säulendiagramm dar.
Übertrage das Diagramm in dein Heft.

Male dann für jede
Summe aus Aufgabe **2**
ein Kästchen an.

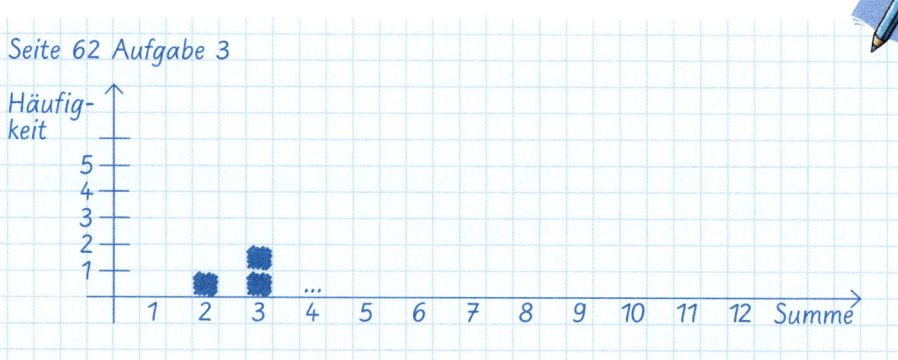

4 Betrachte mit einem anderen Kind das Säulendiagramm.
Besprecht, was euch auffällt. Sucht Begründungen.

5 Überlegt gemeinsam, welche Ergebnisse ihr beim Werfen
mit drei Würfeln häufig erhaltet und welche selten.
Überprüft eure Vermutung, indem ihr würfelt
und wie in Aufgabe **1** eine Strichliste anfertigt.

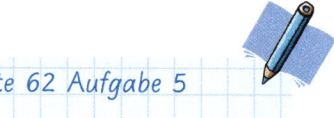

Seite 62 Aufgabe 5
...

D 66

★ einfaches Zufallsexperiment durchführen, Ergebnisse tabellarisch
und im Säulendiagramm auswerten und begründen
★ Erkenntnisse auf erweitertes Zufallsexperiment übertragen

Themenheft 4

★ Multiplikation und Division
★ Gewichte ★ Geld
★ Kombinatorik und Wahrscheinlichkeit

Erarbeitet von:	Roland Bauer und Jutta Maurach
Redaktion:	Agnetha Heidtmann, Friederike Thomas, Sophie Yurdakul
Illustration:	Yo Rühmer
Grafiken (Scheine und Münzen):	Christine Wächter
Umschlaggestaltung:	Cornelia Gründer, agentur corngreen, Leipzig
Layout:	lernsatz.de
technische Umsetzung:	Reemers Publishing Services GmbH
Bildquellen:	**S. 48 Euroscheine:** Cornelsen/Christine Wächter/Deutsche Bundesbank; **Euro- und Centmünzen-Wertseite:** Cornelsen/Christine Wächter/Deutsche Bundesbank/Luc Luycx aus Belgien.
Textquelle:	**S. 29 Empfehlung der Kinderkommission des Deutschen Bundestages zum Ranzenhöchstgewicht:** zitiert nach https://www.yumpu.com/de/document/read/610502/so-packe-ich-den-ranzen-richtig-hinweise-fur-schuler-eltern-und- (Abruf 08.06.2022), aus didaktischen Gründen verändert

www.cornelsen.de

1. Auflage, 1. Druck 2022

Alle Drucke dieser Auflage sind inhaltlich unverändert
und können im Unterricht nebeneinander verwendet werden.

© 2022 Cornelsen Verlag GmbH, Berlin

Druck: Parzeller print & media GmbH & Co. KG, Fulda

ISBN 978-3-06-084785-3

PEFC zertifiziert
Dieses Produkt stammt aus nachhaltig
bewirtschafteten Wäldern und kontrollierten
Quellen.

www.pefc.de

PEFC/04-31-1308

Vorschläge für Plenumsphasen zum vertiefenden Erwerb prozessbezogener Kompetenzen

S. 4 Kinder beschreiben anhand von Beispielen, wie aus den Kernaufgaben die Lösungen weiterer Multiplikationsaufgaben erschlossen werden können; sie benennen auch Kriterien guter Beschreibungen

S. 7 Kinder begründen anhand von Beispielen, warum ein Rest bei der Division kleiner sein muss als der Divisor

S. 8 Kinder lösen Aufgaben mit und ohne Beachtung der Punkt-vor-Strich-Regel und vergleichen die Ergebnisse

S. 13/14 Kinder beschreiben anhand von Beispielen, wie verwandte Aufgaben bei der Multiplikation und Division mit Zehnerzahlen als Rechenhilfe genutzt werden können

S. 18 Kinder stellen ihre selbst erfundenen Zahlenrätsel vor und überprüfen diese auf Plausibilität

S. 32/36 Kinder stellen ihre Rechenschritte vor, vergleichen und bewerten unterschiedliche Vorgehensweisen

S. 35 Kinder beschreiben anhand von Beispielen den Nutzen von Nachbaraufgaben beim geschickten Rechnen

S. 37 Kinder beschreiben Möglichkeiten und Grenzen der Fehlersuche mithilfe der Überschlagsrechnung

S. 49 Kinder stellen ihre gefundenen Repräsentanten für unterschiedliche Geldbeträge vor

S. 54 Kinder nutzen und vergleichen unterschiedliche Vorgehensweisen beim Multiplizieren von Geldbeträgen in Kommaschreibweise, sie erkennen dabei die Grenzen des Rechnens mit Centbeträgen im Zahlenraum bis 1000

S. 55 Kinder vergleichen und bewerten unterschiedliche Vorgehensweisen beim Dividieren von Geldbeträgen in Kommaschreibweise

S. 58 Kinder stellen anhand von Baumdiagrammen die Anzahl aller Kombinationsmöglichkeiten und passende rechnerische Lösungen vor

S. 60 Kinder beschreiben Ergebnisse einfacher Zufallsexperimente, sie leiten daraus Vermutungen für Ergebnisse bei veränderten Bedingungen ab

S. 61 Kinder stellen ihre selbst gezeichneten Glücksräder vor und vergleichen diese im Hinblick auf Gewinnchancen

Vorschläge für die Förderung von Medienkompetenz

S. 11 Kinder erstellen eine Merktafel zu Fachbegriffen der Multiplikation und Division

S. 16 Kinder recherchieren selbst Beispiele zum Multiplizieren und Dividieren mit Zehnerzahlen und präsentieren diese

S. 18 Kinder erstellen eine (digitale) Sammlung/ein Buch für die Klasse mit selbst verfassten Zahlenrätseln

S. 19 Kinder erstellen eine (digitale) Sammlung/ein Buch mit den von den Kindern selbst verfassten Rechengeschichten

S. 21 Kinder erstellen Pfeilbilder am PC

S. 22 Kinder recherchieren im Internet/in Büchern nach weiteren Waagen und ihren Einsatzmöglichkeiten und präsentieren diese unter Angabe ihrer Quellen

S. 26 Kinder recherchieren im Internet/in Büchern selbst ein Rezept und berechnen die Mengen der Zutaten

S. 58 Kinder erstellen Baumdiagramme am PC

S. 62 Kinder suchen und verwenden für das Würfeln mit mehreren Würfeln digitale Würfeltools; Kinder erkunden digitale Zeichen-/Schreibprogramme und prüfen, ob und wie sie mit diesen Tabellen und Diagramme erstellen können

Synopse zu den Medienkompetenzbereichen

Suchen, Verarbeiten und Aufbewahren	S. 11, 16, 18, 19, 22, 24, 26, 30, 49
Kommunizieren und Kooperieren	S. 22
Produzieren und Präsentieren	S. 11, 15, 16, 18, 19, 22, 24
Problemlösen und Handeln	S. 5, 21, 34, 45, 46, 47, 58, 62